Leyendas de Puerto Rico

A Collection of Puerto Rican Legends

Robert L. Muckley

and

Adela Martínez-Santiago

Illustrations by Yoshi Miyake

National Textbook Company
a division of NTC/CONTEMPORARY PUBLISHING GROUP
Lincolnwood, Illinois USA

The publisher wishes to thank Judy Veramendi
for her contributions to this edition.

ISBN: 0-8442-7269-8

Published by National Textbook Company,
a division of NTC/Contemporary Publishing Group, Inc.
4255 West Touhy Avenue,
Lincolnwood (Chicago), Illinois 60646-1975 U.S.A.

890 VP 0987654321

Índice

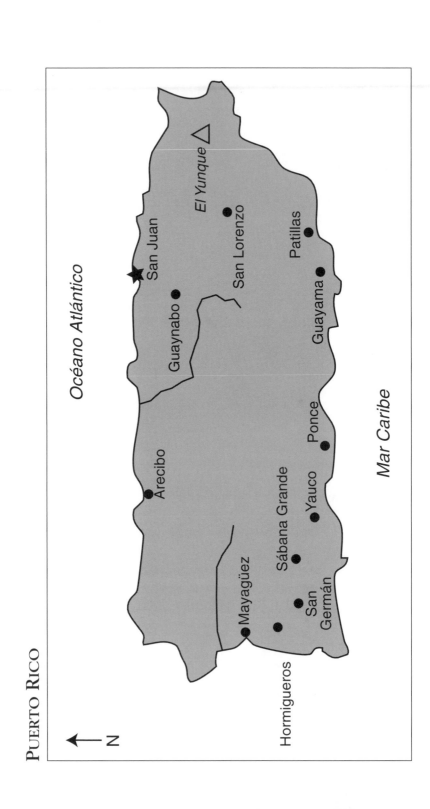

Preface

This new and expanded second edition of *Leyendas de Puerto Rico* is a collection of tales designed for readers who are beginning to function comfortably in Spanish and who want to become more familiar with the cultural heritage of Puerto Rico.

We have arranged the seventeen tales in chronological order, with relevant dates for each shown next to its title on the Table of Contents.

The stories include legends from indigenous peoples from the time before Columbus, stories from the Spanish colonial period, and tales from the twentieth century. The principal characters are drawn from fact and fiction, and include talking animals, Spanish explorers, spiritual beings, and extraterrestrials as well as other men and women who left their mark on Puerto Rico.

The term *legend* here is to be understood in its broadest sense. Some of the legends, such as *La muerte de Salcedo*, have a basis in historical fact, whereas others are mostly fantasy. Carabalí, the slave who keeps escaping, is really the name of an African tribe known to have struggled fiercely for its freedom. The colonists assumed that a man so named would resist slavery.

Women play a prominent role in many of the stories. *Lola de América*, for example, is a charming story about one of the great women of Puerto Rican history. Other exciting examples are Atabei, the creator of the universe; Guanina, who was unfortunate in love; the generous "Saint" Elena; and the mysterious young woman who appears in *La Aparecida*.

As you read the legends, you will not only enjoy delightful stories, you will also develop your Spanish-language skills, and learn something about the history, geography, culture, customs, and values of the Puerto Rican people. Even though the stories have been written entirely in Spanish, the language is controlled and accessible. The more difficult words and expressions have been glossed and defined in English at the foot of the page. At the end of the book there is a bilingual Spanish-English Vocabulary list to help you, too. Questions and activities at the end of each story will help you evaluate your reading comprehension and develop your grammar and vocabulary skills.

Most chapters end with a verse collected in the Puerto Rican countryside by Juan Ángel Tió Nazario, who was born in San Germán in 1906 and died at the young age of twenty-eight. He collected these verses for his study *Esencia del folklore puertorriqueño.*

We hope you enjoy this journey through Puerto Rico's fascinating heritage!

1 | La creación

C uando llegaron los españoles a Puerto Rico, encontraron indios que se llamaban taínos. Los taínos tenían su propia cultura, su propio idioma y sus propias tradiciones. Y tenían también enemigos. Éstos eran los caribes, otra tribu que venía de la América del Sur. Los caribes habían ocupado otras islas al sureste de Puerto Rico y empezaban a invadir a Puerto Rico mismo.

Aquí presentamos algunas de las creencias de los taínos. También hay un apéndice al final del libro que da más detalles sobre la cultura de los taínos.[1]

En el principio Atabei creó el cielo, la tierra y los otros cuerpos celestes.

Atabei siempre había existido. Atabei era la madre original. Atabei era la gran fuerza creadora.

Pero no había vida. No había luz. Todo estaba como en un profundo sueño. Y durante mucho tiempo todo continuó así.

---

[1] We also recommend *Canto al Cemí* by Sadí Orsini Luiggi, which has served as a source of information for much of the material in this legend.

Pero Atabei por fin se dio cuenta de que algo faltaba.[2] Y tuvo dos hijos que formó de elementos mágicos e invisibles del espacio. Los dos hijos se llamaron Yucajú y Guacar. Y Yucajú se preocupó porque no había luz ni vida en la creación. Atabei estaba contenta porque Yucajú podía ahora terminar su obra.

Y Yucajú creó el sol y la luna para alumbrar la tierra. Tomó piedras preciosas de la tierra y las puso en el cielo. Y estas piedras ayudaron a la luna a alumbrar de noche. La tierra fue fértil y en ella crecieron plantas y árboles. Yucajú creó entonces animales y pájaros para vivir entre las plantas y los árboles.

Entonces Yucajú decidió crear algo nuevo, algo diferente, algo entre un animal y un dios. Y así formó el primer hombre y la primera alma, o *jupía*. Y llamó al primer hombre Locuo. Locuo se sintió contento en la tierra, feliz entre tanta belleza. Y se arrodilló[3] para dar gracias a Yucajú.

Guacar vio con envidia toda la obra de su hermano. Se fue a un lugar oculto y durante un tiempo no hizo nada. Pero no pudo soportar[4] la envidia y empezó a hacerle daños a la obra de Yucajú. Y cambió de nombre, convirtiéndose en[5] el terrible dios del mal, Juracán.

Juracán movía los vientos. A veces los movía con tanta fuerza que destruían la obra de Yucajú. Arrancaba[6] los árboles y mataba a los animales. Locuo ya no se sentía tan contento, pues tenía miedo. Ya no podía gozar tanto de las bellezas de la tierra.

Además de enviar vientos fuertes, Juracán hacía temblar la tierra.[7] Esto era uno de sus juegos favoritos. En uno de los temblores más fuertes dividió el continente americano. Así se formaron las Antillas.[8]

Pero Locuo continuó viviendo en la tierra y Yucajú creó otros dioses para ayudarlo. Locuo aprendió a hacer imágenes de estos dioses que él llamaba cemíes.[9] Y Yucajú le dio a Locuo el fuego y así aprendió a cocinar sus comidas. Aprendió a hacer el

---

[2]**faltaba** was missing   [3]**se arrodilló** knelt down   [4]**soportar** to endure   [5]**convirtiéndose en** turning into   [6]**arrancaba** it pulled out   [7]**hacía temblar la tierra** made the earth tremble   [8]The Antilles, a group of islands in the West Indies to which Puerto Rico belongs.   [9]**Cemíes** are conical shaped idols associated with the Taíno culture. See also the *Apéndice*.

casabe de la yuca.[10] Pero Locuo vivía solo en la tierra. Un día, se sintió inspirado de tanta belleza que había en la naturaleza, y se abrió el ombligo,[11] dando paso a dos criaturas que eran como él. Eran un hombre y una mujer. El hombre se llamó Guaguyona, y la mujer Yaya. Y los hijos y nietos de Guaguyona y Yaya poblaron la tierra.

Pero los descendientes de Guaguyona y Yaya sufrieron mucho porque Juracán mandaba inundaciones[12] y vientos fuertes. Y mandaba maboyas[13] o espíritus malos, que causaban problemas en la vida diaria de los hombres. Las maboyas rompían las canoas en el río, tiraban[14] piedras sobre las casas, y escondían la pelota con que se jugaba. Y causaban también enfermedades y problemas entre los hombres.

Así se explicaron los taínos los fenómenos de la naturaleza y el origen del bien y del mal. Los caribes,[15] que llegaron desde otras islas al sureste de Puerto Rico, eran malos. Eran feroces guerreros que en sus ataques destrozaban las aldeas taínas y se llevaban a las mujeres. Los taínos los consideraban agentes de Juracán.

Y si Juracán mandaba a los caribes, tal vez Yucajú mandaría[16] gente buena para ayudar a rechazar[17] a los caribes.

Así, cuando llegaron los españoles a Puerto Rico, los taínos sin duda pensaron que éstos eran los que Yucajú mandaba.

Y se equivocaron.[18]

EJERCICIOS

A. Conteste con una oración completa.

1. ¿Quién era Atabei?

2. ¿De qué se dio cuenta?

---

[10]**Casabe** was the bread made from the *yuca*, a potato-like tubercle which was extremely important in the Taino diet. See also the *Apéndice.* [11]**ombligo** navel [12]**inundaciones** floods [13]**maboyas** See the *Apéndice.* [14]**tiraban** threw [15]**caribes** another Indian tribe. See the *Apéndice.* [16]**tal vez Yucajú mandaría** maybe Yucajú would send [17]**rechazar** to expel [18]**se equivocaron** they were wrong

3. ¿Cómo se llamaron sus dos hijos?

4. ¿Por qué estaba contenta Atabei?

5. ¿Qué hizo Yucajú con las piedras preciosas?

6. ¿Qué creó Yucajú para vivir entre las plantas?

7. ¿Por qué era diferente el primer hombre?

8. ¿Cómo se llamaba?

9. ¿Por qué se arrodilló?

10. ¿Cómo se sintió Guacar al ver la obra de su hermano?

11. ¿Qué empezó a hacer?

12. ¿En qué se convirtió?

13. ¿Qué hacía Juracán?

14. ¿Qué aprendió a hacer Locuo?

15. ¿Cómo se llamaba el segundo hombre?

16. ¿Cómo se llamaba la primera mujer?

17. ¿Quiénes eran las maboyas?

18. ¿Quiénes eran los taínos?

19. ¿Quiénes eran los caribes?

20. ¿Qué pensaron los taínos cuando llegaron los españoles?

B. Añada la palabra más apropiada para terminar las siguientes oraciones.

1. En el _____ Atabei creó el cielo y la tierra.

2. Durante mucho tiempo todo estaba como en un profundo _____ .

3. Atabei tuvo _____ hijos.

4. Los formó de _____ mágicos del espacio.

5. El sol y la luna _____ la tierra.

6. Las plantas _____ en la tierra.

7. El hombre era algo entre un animal y un _____ .

8. Guacar no pudo soportar la _____.

9. Guacar se _____ en el terrible dios del mal.

10. Juracán movía los vientos con tanta fuerza que _____ los árboles.

11. Juracán dividió el _____ americano.

12. Locuo vivía _____ en la tierra.

13. Las maboyas escondían la _____.

14. Los _____ se llevaban a las mujeres taínas.

15. Los españoles no fueron mandados por _____.

C. **Sustituya las palabras en letra cursiva con sinónimos de la siguiente lista. Es posible usar una palabra más de una vez.**

destrozaban	enviaba	pues
alumbraba	formaron	Guacar
se llamaba	feliz	descendientes

1. Así se *crearon* las Antillas.

2. Locuo se sintió *contento.*

3. Los caribes *destruían* las aldeas taínas.

4. Juracán *mandaba* vientos fuertes.

5. Las maboyas *rompían* las canoas.

6. *Su nombre era* Guaguyona.

7. *Juracán* sintió envidia.

8. Los *hijos y nietos* de Guaguyona poblaron la tierra.

9. La luna *daba luz* de noche.

10. No se sentía contento *porque* tenía miedo.

D. Tema para discusión en clase o para composición escrita:

Existen distintas versiones de la creación del mundo. Busque la versión de la Biblia y una explicación científica. Compárelas con el mito taíno. ¿En qué se parecen? ¿En qué son diferentes?

Te quisiera estar mirando
treinta veces en el mes,
siete días en la semana
y un minuto cada vez.

2 | La muerte de Salcedo

E l relato de la muerte de Salcedo es uno de los más conocidos[1] de la historia de Puerto Rico. Se encuentra en todos los textos de historia y el famoso autor y dramaturgo, René Marqués, lo usa como tema en su cuento "Tres hombres junto al río".

Los caciques[2] de Boriquén estaban reunidos. Venían a discutir el mal trato que recibían los indios de los españoles. Agüeybana, el cacique principal de Boriquén y amigo de los españoles, había muerto. Su sobrino Guaybana había heredado[3] su lugar. Guaybana inició la reunión hablando así:

—Hermanos, es hora de pelear. Recibimos a los hombres blancos como amigos y ellos nos hacen esclavos. Es hora de recobrar nuestra libertad.

—Comprendo su actitud, Guaybana. Pero usted tiene que aprender a aceptar el destino. Hay que respetar a los dioses.[4] Tenemos que aceptar lo que ellos quieren para nosotros.

—Prefiero morir antes que aceptar la esclavitud, Mabodamaca. Es posible que usted tenga razón.[5] Pero yo no puedo ni

---

[1]**más conocidos** best known   [2]**caciques** chiefs   [3]**había heredado** had inherited
[4]The Indians believed the Spaniards were gods, therefore immortal.   [5]**que usted tenga razón** that you are right

quiero aceptar esta situación. ¡Luchemos, aunque sea[6] contra los dioses!

—¡Así se habla,[7] Guarionex! —contestó Guaybana—. Y al fin, ¿quién dice que son dioses? Ellos mismos nunca lo dijeron. Nosotros lo decimos y ellos no lo niegan. Así les conviene.[8] Así nos hacen esclavos más fácilmente. Es cierto que no los vemos morir, pero sólo llevan tres años[9] entre nosotros.

—Ellos me aseguran a mí que son inmortales. Y sabemos que creen que el gran Yucajú[10] de ellos tenía un hijo que pareció morir, pero a los tres días volvió a vivir.[11] Un dios de amor, que amaba hasta[12] a sus enemigos. ¡Qué distinto de ellos! Ya saben ustedes cómo me quitaron mis propiedades.

—Todos comprendemos su enojo, Mabó. Pero todos estamos sufriendo —contestó Guaybana.

—Sí, creo que fui yo el primero en mostrarle al jefe de ellos ese metal amarillo que quieren tanto, y por el cual nos hacen tanto sufrir —dijo con amargura[13] el cacique Guaraca.

El viejo cacique Urayoán escuchaba sin hablar. No compartía[14] ni la actitud violenta de unos ni la resignación de otros. Cuando por fin se puso a hablar, era con calma pero con firmeza.

—Hay una cosa que no entiendo en cuanto a este gran bohique[15] que llaman Jesús, y me parece curioso. Si ellos mismos son dioses, si son inmortales, ¿por qué admiran tanto a otro que entonces no es más que ellos? ¿O será que ellos adoran[16] a este hijo del gran Yucajú precisamente porque él es el único que es realmente inmortal? Él puede vencer la muerte, pero ellos no. Pero debemos estar seguros. No sé cómo todavía, pero cuando llegue[17] el momento oportuno, haré la prueba,[18] y les avisaré el resultado.

* * *

---

[6]**luchemos, aunque sea** let us fight, though it may be . . .   [7]**así se habla** that's the way to talk   [8]**conviene** it is suitable   [9]**sólo llevan tres años** they have only been three years   [10]**Yucajú** Taino word for the Great Spirit: God. See also the *Apéndice*.   [11]**volvió a vivir** he came to life again   [12]**hasta** even   [13]**amargura** bitterness   [14]**compartía** he shared   [15]The *bohiques* in Taino society were at the same time priests and medicine men. See the *Apéndice*.   [16]**¿O será que ellos adoran…?** Or could it be that they worship . . . ?   [17]**llegue** arrives   [18]**haré la prueba** I will make a test

Diego Salcedo caminaba por los bosques del oeste de Boriquén. Caminaba por las tierras del viejo cacique Urayoán. El viejo cacique le había dado algunos de sus hombres para servirle de guías[19] y para cargar sus efectos. Así Salcedo podía cumplir su misión más fácilmente. Mientras caminaba, pensaba en varias cosas: en el carácter de los indios, tan mansos[20] y tan humildes, que aceptaban a los españoles como sus amos. En fin, los creían dioses.[21] A Salcedo le halagaba[22] la idea de ser un dios. Sonreía pensándolo. Luego se puso a pensar en las muchachas indias, con sus voces tan dulces, sus hermosos cuerpos bronceados y ese pelo negro tan fino y sedoso. Podían hacerlo olvidar por un tiempo a las altivas mozas de España.

Llegaron a la orilla[23] de un río. No era muy grande el río pero no pudo encontrarse un sitio llano para cruzar. Pero los mansos y serviciales indios tuvieron una solución. Dos de ellos ofrecieron cargarlo. En fin, así debía tratarse a un dios, reflexionaba Salcedo con satisfacción en tanto que[24] los indios le improvisaban un asiento con sus brazos. Pero al llegar a mitad del[25] río, pasó algo que puso fin a las reflexiones amenas de Salcedo. Los indios lo volcaron[26] y lo sujetaron debajo del agua. No podía respirar. ¡Se ahogaba![27]

Después que dejó de luchar,[28] los indios todavía lo sostuvieron debajo del agua un buen rato. Luego lo llevaron a la orilla. Estaban asustados de lo que habían hecho. El dios blanco seguramente iba a castigarlos severamente. Lo sentaron en la orilla, y uno de los indios comenzó a pedirle perdón. —Oh, gran dios blanco, perdónenos. Somos pobres mortales que no comprendemos su grandeza.

El gran dios blanco no contestó nada.

Era cierto que no daba muestras de vida. Pero tenían que estar seguros. ¿Y si volvía a la vida[29] después de tres días, como el gran bohique? Así los indios se pusieron a esperar. Esperaron tres días y tres noches.

---

[19]**servirle de guías** serve as guides   [20]**mansos** meek   [21]**los creían dioses** they believed them (to be) gods   [22]**halagaba** flattered   [23]**orilla** shore   [24]**en tanto que** while [25]**a mitad del** in the middle of   [26]**volcaron** turned over   [27]**¡Se ahogaba!** He was drowning!   [28]**dejó de luchar** he stopped struggling   [29]**¿Y si volvía a la vida?** And what if he should come back to life?

Pero Salcedo todavía no daba muestras de vida. Por el contrario, se veía por el estado del cuerpo que el gran dios blanco estaba bien muerto.[30]

—Son hombres; no son dioses —se limitó a decir uno de los indios. Y por la noche, las hogueras[31] en las montañas proclamaban la noticia.

EJERCICIOS

A. Conteste con una oración completa.

1. ¿Quiénes trataban mal a los indios?

2. ¿Quién era Guaybana?

3. ¿Cómo recibieron los indios a los hombres blancos?

4. ¿Qué hicieron los españoles con los indios?

5. ¿Quién prefirió morir antes que aceptar la esclavitud?

6. ¿A quién le quitaron los españoles sus propiedades?

7. ¿Qué creían los indios respecto a los españoles?

8. ¿Quién les enseñó a los españoles dónde estaba el oro?

9. ¿Qué prometió hacer Urayoán?

10. ¿En qué iba pensando Salcedo mientras caminaba?

11. ¿Qué no pudo encontrarse en el río?

12. ¿Qué solución ofrecieron los indios?

13. ¿Qué hicieron los indios al llegar a mitad del río?

14. ¿Qué contestó Salcedo cuando los indios le pidieron perdón?

15. ¿A qué conclusión llegaron los indios?

---

[30]**bien muerto** quite dead   [31]**hogueras** bonfires

B. Añada la palabra más apropiada para terminar las siguientes oraciones.

1. El sobrino de Agüeybana se llamaba _____.

2. Muchos indios creían que los españoles eran _____.

3. Mabó perdió sus _____.

4. El hijo del dios de los españoles amaba hasta a sus _____.

5. Urayoán se puso a hablar con calma pero con _____.

6. Urayoán prometió hacer una _____.

7. A Salcedo le halagaba la idea de ser un _____.

8. A Salcedo le gustaban las _____ indias.

9. Los indios ofrecieron _____ a Salcedo.

10. Cuando llegaron a mitad del río, los indios lo _____.

11. Los indios creían que Salcedo iba a _____.

12. Salcedo no _____ cuando le pidieron perdón.

13. Los indios esperaron _____ días.

14. Luego los indios se dieron cuenta de que Salcedo estaba _____.

15. Por la noche, las _____ proclamaban la noticia.

C. Sustituya las palabras en letra cursiva con un sinónimo de la siguiente lista. Es posible usar una palabra más de una vez.

diferente	luchar	muchachas
principal	empezó	nunca
quieren	sucedió	

1. Hermanos, es hora de *pelear*.

2. Eso es *distinto*.

3. Por fin *se puso* a hablar.

4. *Pasó* algo que puso fin a las reflexiones de Salcedo.

5. Podía olvidar a las *mozas* de España.

6. Ellos mismos *jamás* lo dijeron.

7. Agüeybana era el cacique *más importante* de Boriquén.

8. *Desean* tener el metal amarillo.

9. Guaybana *inició* la reunión.

10. *Aman* hasta a sus enemigos.

D. **Indique con sí o no delante de cada oración si es verdad o no. Si no es verdad, haga los cambios necesarios para que sea verdad.**

1. _____ Los caciques discutían el mal trato que recibían los españoles de los indios.

2. _____ Agüeybana dijo que era hora de pelear.

3. _____ Guarionex quería pelear.

4. _____ Los indios no negaban que eran dioses.

5. _____ Guaraca perdió sus propiedades.

6. _____ Las tierras de Urayoán estaban en el este.

7. _____ Los indios ahogaron a Salcedo en un lago.

8. _____ Después de ahogarlo, esperaron tres días y tres noches.

9. _____ El gran dios blanco estaba vivo.

10. _____ El indio dijo que los españoles eran dioses.

E. Temas para discusión en clase o para composiciones escritas:

1. Analice lo que dijo Mabó: "Un dios de amor, que amaba hasta a sus enemigos. ¡Qué distinto de ellos!"

2. Discuta los problemas que pueden ocurrir cuando entran en contacto dos culturas.

> Cantar bien o cantar mal
> en el campo es natural,
> pero delante de la gente
> cantar bien o no cantar.

3 | Guanina

ste relato[1] se basa en una de las leyendas más conocidas del famoso historiador y cuentista[2] de Puerto Rico, Cayetano Coll y Toste.

Coll y Toste nació en Arecibo, en la costa norte de Puerto Rico, en 1850. Estudió medicina en España y practicó la medicina con éxito en su pueblo natal[3] de Arecibo, y más tarde, en San Juan. También sirvió en puestos políticos con el gobierno español y con el gobierno de los Estados Unidos. Su labor como escritor también fue grande. Una de sus muchas obras, Leyendas puertorriqueñas, *nos sirve de fuente[4] de información no sólo para la famosa historia de Guanina, sino también para otras historias que leeremos más adelante.[5]*

Coll y Toste murió en España en 1930, donde había ido para continuar sus investigaciones históricas.

---

[1]**relato** story [2]**cuentista** story teller [3]**pueblo natal** home town [4]**fuente** source
[5]**más adelante** later on

Él era un gallardo y valiente caballero español.

Ella era una hermosa india, la hermana de un cacique.

Y se querían.[6] Se querían aunque la paz que al principio existía entre sus dos pueblos se rompía por[7] el mal trato que recibían los indios. Se querían aunque el hermano de la joven india era el cacique Guaybana que instaba a los indios a sublevarse.[8]

Nuestro caballero se llamaba Don Cristóbal de Sotomayor, y estaba sentado en su casa en la aldea de Agüeybana. De repente se presentó Guanina, que así se llamaba la hermosa muchacha, y con voz llena de angustia, le dijo:

—Debes huir.[9] Los caciques de Boriquén han decidido luchar. Han decidido matarte.

—Estás exagerando, Guanina. Los indios viven en paz.

—No estamos vencidos,[10] señor. Y sabes que los tuyos[11] nos tratan con mucha crueldad. Nos hacen trabajar mucho. Quieren ser nuestros amos y no nuestros amigos.

—Veo que tú estás rebelde también.

—Digo lo que siento porque quiero salvarte, amor mío.

Con esto, Guanina rompió a llorar[12] y el joven hidalgo la retuvo entre sus brazos, besándola cariñosamente. De repente, llegó el intérprete de Don Cristóbal y le confirmó lo que decía Guanina: los indios estaban en rebelión. El intérprete también le aconsejó[13] huir pero Don Cristóbal le contestó con enojo que los Sotomayor no huían jamás, y que no pensaba cambiar sus planes para viajar a la Villa de Caparra[14] al día siguiente.

Temprano por la mañana, Don Cristóbal llamó a Guaybana, el cacique principal de Boriquén y hermano de Guanina, y le dijo que nombrara[15] un grupo de sus hombres para llevar el equipaje. Fruncido el ceño[16] pero con cortesía, el cacique prometió cumplir las órdenes, y salió. Pronto llegó un grupo de indios que se repartieron[17] el equipaje. El intérprete expresó sus

---

[6]**se querían** they loved one another   [7]**por** because of   [8]**instaba... sublevarse** urged . . . to revolt   [9]**huir** to flee   [10]**no estamos vencidos** we are not conquered   [11]**los tuyos** your people   [12]**rompió a llorar** broke down crying   [13]**aconsejó** advised   [14]**Villa de Caparra** settlement founded by Ponce de León near the present site of San Juan   [15]**que nombrara** to appoint   [16]**fruncido el ceño** frowning   [17]**se repartieron** divided

inquietudes[18] a Don Cristóbal porque éste le había revelado a Guaybana la ruta del viaje.

Despidiéndose[19] por última vez de Guanina con un beso ardiente, Don Cristóbal y sus compañeros de armas se pusieron en camino.[20] Pronto se internaron[21] en los espesos bosques. De repente oyeron gritos. Era Guaybana y sus guerreros que se acercaban para el ataque. Los indios que cargaban el equipaje de los españoles, como no estaban armados, botaron[22] o robaron sus cargas y se fueron corriendo por el bosque.

Don Cristóbal y su pequeño grupo de amigos recibieron el ímpetu de Guaybana y sus guerreros que se lanzaron sobre ellos. La lucha fue cuerpo a cuerpo,[23] las espadas de los españoles contra las macanas[24] de los indios. Ambos grupos gritaron. Las macanas de los indios volaban partidas[25] por el buen acero[26] de las espadas españolas. Pero los guerreros de Guaybana pelearon bien y pronto cayeron todos los españoles menos[27] Don Cristóbal. Éste trataba de acercarse a Guaybana cuando recibió un tremendo macanazo[28] en la cabeza que le quitó la vida.

Un tiempo después, Guaybana y los suyos estaban descansando en una loma[29] cercana. —Don Cristóbal era muy valiente. Es preciso enterrarlo[30] con los honores de un gran guerrero —dijo Guaybana.

Pero cuando los de la comitiva[31] india llegaron al sitio del combate, encontraron que Guanina ya estaba allí, besándole y lavándole la cara a su amante, tratando inútilmente de devolverle la vida.[32] Volvieron los indios e informaron a Guaybana.

—Está bien. Respeten el dolor de Guanina, amigos míos. Mañana será sacrificada sobre la tumba de su amante para poder acompañarlo en la otra vida.

Pero no fue necesario. Cuando volvieron los indios al lugar

---

[18]**sus inquietudes** his concern   [19]**despidiéndose** saying good-bye   [20]**se pusieron en camino** set out   [21]**se internaron** they penetrated   [22]**botaron** threw away   [23]**cuerpo a cuerpo** hand to hand, at close range   [24]**macanas** war clubs   [25]**partidas** split   [26]**acero** steel   [27]**menos** except   [28]**macanazo** blow with a club   [29]**loma** hill   [30]**enterrarlo** to bury him   [31]**comitiva** group   [32]**devolverle la vida** bring him back to life

de la batalla, encontraron a Guanina ya muerta,[33] descansando su cabeza sobre el pecho del hidalgo español. Fueron enterrados juntos al pie de un árbol grande. Brotaron[34] después sobre esta tumba amapolas rojas y lirios blancos. Y dicen los campesinos del lugar que al atardecer se escuchan entre la brisa dulces cantos de amor. Se cree que son las almas de Don Cristóbal y de Guanina que, fieles a su gran amor, salen de la tumba para mirar la puesta del sol[35] y besarse bajo los rayos de la luna.

EJERCICIOS

A. Conteste con una oración completa.

1. ¿Dónde nació Cayetano Coll y Toste?

2. ¿Qué estudió en España?

3. ¿Cómo se llama una de sus obras?

4. ¿Quién era Guanina?

5. ¿Quién era su hermano?

6. ¿Qué le aconsejó Guanina a Don Cristóbal? ¿Por qué?

7. ¿Quién más le aconsejó lo mismo a Don Cristóbal?

8. ¿Qué les contestó Don Cristóbal?

9. ¿Adónde pensaba viajar Don Cristóbal?

10. ¿Quiénes llevaron el equipaje de los españoles?

11. ¿Qué hicieron éstos cuando se acercaron los guerreros de Guaybana?

12. ¿Qué arma usaron los españoles?

13. ¿Con qué armas pelearon los indios?

14. ¿Cómo murió Don Cristóbal?

15. ¿Qué opinión tenía Guaybana del valor de Don Cristóbal?

---

[33]**ya muerta** already dead   [34]**brotaron** sprouted   [35]**puesta del sol** sunset

16. ¿Dónde encontró la comitiva india a Guanina?

17. ¿Para que debía ser sacrificada Guanina?

18. ¿Por qué no mataron los indios a Guanina?

19. ¿Dónde fueron enterrados Don Cristóbal y Guanina?

20. ¿Qué dicen los campesinos del lugar?

B. Añada la palabra más apropiada para terminar las siguientes oraciones.

1. Guanina era la hermana de un _____.

2. Los españoles trataron mal a los _____.

3. El _____ de Don Cristóbal confirmó lo que decía Guanina.

4. Don Cristóbal contestó que los Sotomayor no _____ jamás.

5. Guaybana nombró un grupo de sus hombres para llevar el _____.

6. Don Cristóbal se despidió de Guanina con un beso _____.

7. La _____ fue cuerpo a cuerpo.

8. Don Cristóbal no pudo pelear con _____.

9. Lo enterraron con los _____ de un gran guerrero.

10. Guanina trataba inútilmente de devolverle la _____.

11. Los indios volvieron al lugar de la _____.

12. Don Cristóbal y Guanina fueron enterrados _____.

13. Amapolas y _____ brotaron después sobre la tumba.

14. Al atardecer, los campesinos _____ cantos de amor.

15. Las almas de Don Cristóbal y de Guanina son _____ a su gran amor.

C. **Sustituya las palabras en letra cursiva con un sinónimo de la siguiente lista.**

acompañarlo   ir   pelearon
llegó   salió   expresó
lugar   mirar
ambos   llevaron

1. Don Cristóbal pensaba *viajar* a la Villa de Caparra.
2. Los indios *cargaban* el equipaje.
3. Llegaron al *sitio* del combate.
4. Puede *estar con él* en la otra vida.
5. Quieren *ver* la puesta del sol.
6. Guanina *se presentó* de repente.
7. El cacique *se fue.*
8. Los guerreros *lucharon* bien.
9. *Los dos* grupos gritaron.
10. El intérprete *reveló* sus inquietudes.

D. **Tema para discusión en clase o para composición escrita:**

Discuta los problemas del amor y del matrimonio cuando el muchacho y la muchacha son de diferentes culturas.

Si el soldado te quiere,
quiérelo nena,
que no ha de ser soldado
toda la vida.

4 | Los milagros de Nuestra Señora de Monserrate

En el suroeste de Puerto Rico, entre San Germán y Mayagüez, se encuentra el pueblo de Hormigueros. La carretera principal que va entre esas dos ciudades pasa al lado de Hormigueros, pero el viajero puede apreciar la situación del pueblo construido donde termina el fértil valle y empiezan las montañas. Y precisamente en uno de los puntos más altos se encuentra la catedral. Esa catedral es el santuario de Nuestra Señora de Monserrate.[1]

En una tarde fresca de marzo subimos al santuario. El capellán[2] nos acompañó en nuestra visita, mostrándonos los cuadros y las imágenes. Son bellas creaciones de artistas desconocidos del siglo XVII. La imagen de la Virgen de Monserrate que se carga en las procesiones es pequeña pero bellamente labrada. El santuario fue construido hace más de tres siglos. Lo fundó el hombre del que vamos a hablar en esta historia.

---

[1] The worship of Our Lady of Monserrate originated in the region of Cataluña in Spain.
[2] **capellán** chaplain

Giraldo González era un agricultor que poseía extensas tierras en el suroeste de Puerto Rico, cerca de lo que es hoy el pueblo de Hormigueros. Estas tierras incluían no sólo fértiles llanuras[3] sino también lomas frondosas.

Un día Giraldo subió a una de esas lomas en busca de bejucos[4] para hacer canastas. Iba tan atento a su trabajo que no se dio cuenta de que se le acercaba un enorme toro salvaje. De repente oyó el rugido[5] del toro y vio que éste le atacaba. Era un hombre valiente pero comprendió que nada podía hacer. De la sorpresa había dejado caer su machete[6] al lado de los bejucos. No había un árbol cerca para trepar[7] y estaba junto a un precipicio. Y el toro ya le venía encima.[8] Así que, con voz angustiada, gritó: —¡Favoréceme, divina Señora de Monserrate!

De repente todo era calma. El toro estaba mansamente arrodillado y había bajado la cabeza hasta el suelo. No tenía ya la menor intención de hacer mal a nadie. Y en el cielo había aparecido la Virgen de Monserrate con el Niño Jesús en los brazos. Y el toro estaba arrodillado obedeciendo un gesto que hacía el Niño con la mano.

Profundamente impresionado y agradecido, Giraldo González empezó a construir un santuario en ese lugar. Aún no estaba terminado cuando ocurrió el segundo milagro.

Giraldo tenía una hija de ocho años. Un día esta hija se perdió. En vano la buscó su padre durante varios días. En vano la buscaron los familiares y amigos del angustiado padre. En vano se organizaron patrullas de exploradores. Finalmente, después de quince días, cuando ya se perdían las esperanzas, la encontraron. Y la encontraron sana, limpia, bien cuidada, y al parecer,[9] bien alimentada.[10]

La niña se había protegido del frío y las lluvias durmiendo en el tronco hueco[11] de un árbol grande. Pero este hecho no bastaba para explicar[12] el buen estado en que se encontraba. Giraldo le preguntó:

---

[3]**llanuras** plains   [4]**bejucos** reeds   [5]**rugido** roar   [6]**machete** a large heavy knife
[7]**trepar** to climb   [8]**le venía encima** was almost on top of him   [9]**al parecer** apparently
[10]**alimentada** fed   [11]**hueco** hollow   [12]**no bastaba para explicar** could not by itself explain

—Pero, hija, ¿no tenías miedo?

—Al principio sí, pero después vino la mujer y ella estaba conmigo y me consolaba.

—Pero, ¿qué comiste?

—Ah, la mujer también me trajo frutas y legumbres.

—Pero, hija, no entiendo. ¿Quién es esa mujer? ¿Cómo era?[13] ¿Por qué no la vieron los que te encontraron?

—No sé, pero ella era muy dulce. Tenía la tez[14] morena y los ojos eran negros y brillantes. Era muy linda.

Entendió Giraldo que la Virgen de Monserrate había intervenido otra vez en su favor, y se dedicó con más fervor al culto de ella. Terminó de construir el santuario y, años después cuando murió su esposa, se hizo sacerdote.[15] Así, como capellán del santuario, pudo dedicarse por completo al servicio de su protectora, que de esta forma vino a ser la patrona del pueblo de Hormigueros, que se fundó en aquel lugar.

Así, durante más de 350 años se ha mantenido vivo el culto a la Virgen de Monserrate en el pueblo de Hormigueros. Las fiestas patronales se celebran en los últimos días de agosto y la primera semana de septiembre. El espíritu religioso que prevalece durante estos días en que el pueblo de Hormigueros honra a su Virgen protectora es un digno ejemplo para todo Puerto Rico de cómo se deben celebrar las fiestas patronales.[16]

EJERCICIOS

A. Conteste con una oración completa.

1. ¿Qué poseía Giraldo González?

2. ¿Para qué subió a una de las lomas?

3. ¿Por qué no se dio cuenta de que el toro se acercaba?

---

[13]¿Cómo era? What was she like?   [14]tez complexion   [15]sacerdote priest   [16]fiestas patronales: All of the cities and towns of Puerto Rico have a special period of celebration each year in which their own patron saint is honored. However, these celebrations have lost much of their religious flavor.

4. ¿Por qué no podía hacer nada?

5. ¿Qué hizo?

6. ¿Dónde apareció la Virgen?

7. ¿Quién estaba en los brazos de la Virgen?

8. ¿Qué hizo el toro? ¿Por qué?

9. ¿Cuántos años tenía la hija de Giraldo?

10. ¿Qué le pasó a la hija?

11. ¿Cuándo la encontraron?

12. ¿En qué estado se encontraba?

13. ¿Dónde durmió?

14. ¿Qué comió?

15. ¿Cómo entendió la situación Giraldo?

16. ¿Qué construyó Giraldo? ¿Dónde?

17. ¿Qué hizo cuando murió su esposa?

18. ¿Cuándo se celebran las fiestas patronales de Hormigueros?

19. ¿Dónde se encuentra el pueblo de Hormigueros?

20. ¿Qué puede ver el viajero desde la carretera?

B. Añada la palabra más apropiada para terminar las siguientes oraciones.

1. Las _____ incluían llanuras y lomas.

2. Giraldo oyó el _____ del toro.

3. Giraldo era un hombre _____.

4. No había un _____ cerca para trepar.

5. Giraldo dejó caer su _____.

6. El toro había bajado la _____ hasta el suelo.

7. Giraldo empezó a _____ un santuario.

8. Giraldo _____ a la niña durante varios días.

9. El tronco del árbol era _____.

10. La niña dijo que no tenía _____ porque la mujer la consolaba.

11. Los que la encontraron no _____ a la mujer.

12. La Virgen de Monserrate _____ dos veces en favor de Giraldo.

13. Giraldo se hizo sacerdote y _____ del santuario.

14. Hormigueros es un digno _____ para todo Puerto Rico.

15. Un espíritu religioso _____ durante estos días.

C. **Sustituya las palabras en letra cursiva con sinónimos de la siguiente lista. Es posible usar una palabra más de una vez.**

bella	organizaron	ocurría
grande	empezaron	estaba
muy	así	poseía

1. El toro era *enorme*.

2. La imagen es muy *hermosa*.

3. Estaba *profundamente* impresionado.

4. Se *formaron* patrullas de exploradores.

5. La mujer era muy *linda*.

6. *De esta forma* vino a ser la patrona del pueblo.

7. *Comenzaron* a construir el santuario.

8. *Se encontraba* junto a un precipicio.

9. *Tenía* extensas tierras en el suroeste.

10. No entendió lo que *sucedía*.

D. Tema para discusión en clase o para composición escrita:

Analice la importancia de conservar (o de rechazar) las tradiciones.

El alma tengo partida
y el corazón en pedazos,
hasta no verme en tus brazos
linda niña, mi querida.

5 | La Vuelta de la Culebra

*L*a tranquila ciudad de Guayama, que se conoce como la Ciudad Bruja por razones que veremos en otra leyenda, está localizada en el sur de la Isla.

Hacia el norte de la ciudad pueden admirarse las majestades[1] en ricos tonos de verde; al sur, el plácido Mar Caribe, de azules intensos y blancas playas. Las limpias calles son simétricas[2] de tal manera que desde la alta verdura puede apreciarse la romántica belleza de todo el pueblo. En el centro se levanta la iglesia católica, solemne estructura del siglo XVII.

Antes de la industrialización y el progreso económico, Guayama era un pueblo pequeño, y todos sus habitantes se conocían. Era una época de dificultades económicas pero rica en pintorescas tradiciones e interacción social. Era la época feliz y romántica de serenatas, misas de gallo[3] y rosarios de cruz.[4] Las noches al salir de la novena,[5] las damas se reunían en los balcones a comentar los chismes del pueblo y los caballeros formaban tertulias[6] en los

---

[1]**majestades** mountains   [2]**simétricas** symmetrical, even   [3]**misas de gallo** midnight mass on Christmas Eve   [4]**rosarios de cruz** Popular religious custom held at different homes, in which amateur and/or professional musicians join the town people in singing to the Holy Cross until late at night. This usually takes place during the month of May. [5]**novena** In the Roman Catholic Church, a nine-day prayer cycle, usually for some special religious purpose.   [6]**formaban tertulias** got together in informal groups

*cafés y en la plaza para lo mismo, pero ellos decían que
hablaban de política. Las jóvenes parejas paseaban de
brazo por la plaza o se amparaban en la penumbra[7]
de un banco debajo de un frondoso árbol a disfrutar de un
furtivo beso y a soñar con... lo que sueñan los enamorados.*

*Al sur, el pueblo terminaba en una carretera sinuosa,
de curvas parecidas a una culebra[8] en movimiento, razón
por la cual la gente la llamaba la Vuelta de la Culebra.
El origen de este camino se remonta[9] a la época de la
esclavitud.*

Allá para el 1700 en las campiñas[10] que bordean el sur de Guayama, existía la hacienda de la familia Rodríguez. Esta familia
era muy querida y respetada por sus esclavos a quienes trataban
con rectitud, consideración y afecto. Allí vivía una pareja de esclavos muy enamorados, Mercé y Cayo. Toda la hacienda sabía
que se adoraban. Ya el amo les concedió permiso para casarse y
los preparativos habían comenzado.

Siempre se veían juntos hablando de su próxima boda, de los
muchos hijos que tendrían y de la felicidad que brinda[11] el
amor. Cayo la amaba tierna y profundamente. Lo único importante en su vida era su Mercé. Ella a su vez sólo pensaba en él
y por él vivía; Cayo llenaba cada rincón de su joven alma; sus
días y sus noches estaban consagrados a venerarlo.

Por esos días, el amo compró una docena de esclavos. En el
grupo vino una mulata joven, hermosa y voluptuosa. El negro
cabello lacio[12] y abundante le llegaba hasta la estrecha cin-

---

[7]**se amparaban en la penumbra** sought the shadows   [8]**culebra** snake   [9]**se remonta**
dates from   [10]**campiñas** fields   [11]**brinda** offers   [12]**lacio** straight

tura,[13] enmarcando las anchas caderas.[14] Su cimbreante caminar[15] despertaba pasiones tormentosas aun en los más ancianos y virtuosos. Cayo también sucumbió ante la salvaje hermosura y coquetería de Faní. Comenzó a rondarla,[16] a tratar de conquistarla. Amaba a su Mercé, pero Faní lo perturbaba. Sentía un deseo intenso de poseerla y la asediaba[17] continuamente.

Al ver su felicidad en peligro, Mercé intentó retener al amor de su vida por todos los medios. Sufría amargamente al ver que lo perdía. Sin embargo, le quedaba un recurso,[18] uno que a ella le repugnaba por su condición de católica convertida. Pero su angustia pudo más que[19] su fe, y acudió a una bruja.[20]

La bruja le preparó un trabajo[21] consistente en varios aceites, yerbas, hojas y líquidos. En esta mezcla remojó[22] una piel de culebra hembra por nueve días; luego la colgó[23] en un árbol de anacaguita[24] por tres días y tres noches. A la tercera noche, de luna llena y al dar la medianoche,[25] descolgó la piel. Luego, con cánticos y oraciones en un dialecto que sólo ella conocía, amarró dos muñecos de trapo con la piel de la culebra.[26] Luego enterró los muñecos, que representaban un hombre y una mujer debajo del árbol. Mercé presenció la macabra escena y, aunque aterrada, se sintió animada porque la bruja le aseguró que Cayo jamás la abandonaría, pues la piel de culebra lo tendría para siempre junto a ella. De acuerdo al hechizo, para la próxima luna llena la pareja estaría felizmente casada, y la intrusa haría como la culebra. Se arrastraría por el bosque y no la verían más.

Pero la bruja era vieja y a veces, como en este caso, confundía los nombres y las personas. Y enterró los muñecos con los nombres de Faní y Cayo.

Mercé esperó ansiosa a su amado, contando los días hasta la luna llena. Ya faltaba poco. Feliz, preparaba su ajuar[27] de novia

---

[13]**cintura** waist   [14]**caderas** hips   [15]**su cimbreante caminar** her swaying walk   [16]**rondarla** to flirt with her   [17]**asediaba** besieged   [18]**le quedaba un recurso** one means was left to her   [19]**pudo más que** was stronger than   [20]**bruja** witch   [21]**trabajo** potion; the ingredients or mixture that a witch prepares for a particular spell   [22]**remojó** soaked   [23]**colgó** hung   [24]**anacaguita** typical Puerto Rican tree   [25]**al dar la medianoche** on the stroke of midnight   [26]**amarró... culebra** tied two rag dolls with the snake's skin   [27]**ajuar** apparel

y anunció a su familia y sus amigos su matrimonio. ¡Faltaba un día! Llegó la última noche de la espera. Entonces le trajeron la noticia. Cayo y Faní se habían casado esa tarde en la misma iglesia de donde ella había soñado salir del brazo de Cayo. Mercé sintió que el corazón se le despedazaba;[28] el dolor la estremeció[29] y salió corriendo y gritando como loca hacia el bosque. Al otro día los esclavos de la hacienda notaron con asombro un camino que apareció en la llanura igual a una culebra en movimiento.

Nadie volvió a ver a Mercé.

EJERCICIOS

A. Conteste con una oración completa.

1. ¿Dónde se encuentra la ciudad de Guayama?

2. ¿Qué hay en el centro del pueblo?

3. ¿Cuándo se conocían todos sus habitantes?

4. ¿Dónde se reunían las damas?

5. ¿Qué comentaban?

6. ¿Dónde se reunían los caballeros?

7. ¿Qué hacían los jóvenes?

8. ¿Qué hay al sur del pueblo?

9. ¿Cuándo ocurrieron los sucesos de esta leyenda?

10. ¿A qué familia pertenecía la hacienda?

11. ¿Cómo se llamaban los enamorados?

12. ¿De qué hablaban?

13. ¿Qué compró el amo?

---

[28]**despedazaba** was being torn apart   [29]**estremeció** shook

14. ¿Quién vino en el grupo?

15. ¿Cómo era?

16. ¿Qué hizo Cayo?

17. ¿Qué recurso le quedaba a Mercé?

18. ¿Por qué confundió la bruja los nombres y las personas?

19. ¿Con quién se casó Cayo?

20. ¿Qué le pasó a Mercé?

B.   ¿Cuáles de las siguientes palabras describen a Mercé?

esclava	bruja	cruel
vieja	joven	católica
enamorada	supersticiosa	temerosa

¿Qué palabras describen a la familia Rodríguez?

recta	bondadosa	cruel
generosa	respetada	esclava
justa	pobre	rica

C.   Termine las oraciones con las palabras más apropiadas.

1. "Majestades en ricos tonos de verde" se refiere a
    a. las casas.
    b. las montañas.
    c. la gente.
    d. las playas.

2. De acuerdo a la leyenda, la Vuelta de la Culebra fue resultado de
    a. un hechizo.
    b. un temblor.
    c. la labor de los esclavos.
    d. una formación natural.

3. Los caballeros se reunían para
   a. hablar de política.
   b. comentar los chismes.
   c. pasearse por la plaza.
   d. hablar de la industrialización.

D. Sustituya las palabras en letra cursiva con sinónimos de la siguiente lista. Es posible usar una palabra más de una vez.

pueblo	virtuosos	intentó
dificultades	tertulias	llegó
tranquilo	recurso	amaba

1. Los caballeros hacían *reuniones* en los cafés.
2. Mi *ciudad* de Guayama está en el sur.
3. Era una época de *problemas*.
4. Cayo *adoraba* a Mercé.
5. El mar se ve *plácido* desde aquí.
6. *Trató de* retenerlo por todos los medios.
7. Aun los hombres *buenos* la asediaban.
8. Ella dijo que no lo *quería*.
9. Con el grupo *vino* una mulata joven.
10. Era el único *medio* que le quedaba.

E. Temas para discusión en clase o para composiciones escritas:

1. Comente sobre lo que una persona debe hacer cuando siente que su amor se va (¿llorar un poco o buscar otro?).
2. ¿Existen o no las brujas?

> Mi mujer y mi caballo
> se me murieron a un tiempo.
> Qué mujer ni qué demonio:
> ¡Mi caballo es lo que siento!

6 | La garita del diablo

unque Coll y Toste escribió una versión de la leyenda de la garita[1] del diablo, nos hemos apartado[2] un tanto de ésta para basarnos en la

de otro de los grandes cultivadores de la leyenda: Manuel Fernández Juncos. Éste nació en España en 1846 y llegó a Puerto Rico en 1857. Fue periodista, literato y ensayista. Escribió sobre la política, sobre las costumbres y sobre la historia. Escribió prólogos y biografías. El género costumbrista lo fascinaba y una de sus obras más importantes fue Tipos y carácteres puertorriqueños. *Podemos considerar que él es el forastero[3] en el cuento.*

En el extremo norte del Castillo de San Cristóbal, hay una pequeña extensión de tierra que penetra en el mar. Como los tiempos eran de guerras e inquietudes, los españoles construyeron en esta extensión de tierra una garita desde donde podía verse toda la costa norte en las cercanías de San Juan, de manera que ninguna flota enemiga podía acercarse al puerto sin ser vista.

---

[1]**garita** sentry box   [2]**apartado** separated   [3]**forastero** outsider

La garita se comunicaba con el Castillo de San Cristóbal por medio de un pasaje subterráneo. Cada dos horas se mandaba el relevo[4] al centinela[5] encargado de la guardia en la garita.

Durante algún tiempo parece que todo fue bien. Pero una noche, cuando llegó el cabo de guardia[6] junto con el soldado de relevo a la garita, no encontraron a nadie. Gritaron. Buscaron. Todo fue inútil.

Pasaron algunos meses y lo mismo volvió a ocurrir.[7] Esta vez encontraron el fusil dentro de la garita pero el soldado mismo no apareció. Y después, dos o tres soldados más desaparecieron de la misma forma. El miedo a lo desconocido[8] y al misterio se extendió entre las tropas, y por fin la guardia de San Cristóbal dejó de poner[9] centinelas en aquel sitio. Se cerró el pasaje que conducía a la garita, que desde aquel momento quedó abandonada. Según las creencias populares, el mismo diablo venía a llevarse[10] a los infortunados guardias.

Muchos años después, unos campesinos comentaban estos sucesos con un forastero. Sus caras revelaban la emoción y el terror que los dominaban—todos con excepción de un viejito que con sonrisa burlona escuchaba los comentarios sin decir nada. Pero su actitud no pasó desapercibida[11] por parte del forastero. Éste, interesado en el caso, buscó al viejito para preguntarle la razón por su actitud. ¿Acaso[12] no creía en el diablo?

Al principio el viejito no quería hablar y, sólo después de tomar ciertas precauciones y de averiguar a su vez la identidad del forastero, contestó la pregunta.

—No es que no creo en el diablo, señor, pero el diablo no tuvo que ver con[13] la desaparición de los guardias, al menos no con todos los guardias. Pero, déjeme explicar.

—En mi juventud yo servía en un batallón acuartelado[14] en San Cristóbal, e hice guardia[15] muchas veces en la que llamába-

---

[4]**relevo** replacement   [5]**centinela** person on watch   [6]**cabo de guardia** corporal of the guard   [7]**volvió a ocurrir** happened again   [8]**lo desconocido** the unknown   [9]**dejó de poner** stopped placing   [10]**llevarse** take away   [11]**no pasó desapercibida** did not go unnoticed   [12]**¿Acaso...** Could it be that . . . ?   [13]**no tuvo que ver con** had nothing to do with   [14]**acuartelado** stationed   [15]**hice guardia** I stood guard

mos entonces garita del mar. No era agradable. El sitio era solitario, frío, húmedo y, por lo general, hacía mucho viento.

—Una noche lluviosa me tocó turno[16] desde las once hasta la una. Tenía dos cigarros que acababa de comprar y me entraron muchas ganas de fumar.[17] Aunque se prohibe fumar cuando uno está de guardia, la tentación por fin era demasiado fuerte. Me senté en la garita y quise prender uno de los cigarros. En ese momento un chorro[18] de agua de una ola grande penetró por la ventanilla de la garita y me mojó el yesquero.[19]

—Muy contrariado, me puse a maldecir mi mala suerte cuando, de repente, me fijé en[20] la luz por la costa al oeste del Castillo. La luz venía de una casucha,[21] y como por lo visto[22] había gente despierta, pensé que allí podría encender[23] mi cigarro. Calculé que podía ir y volver en unos diez minutos.

—Sin pensarlo más, me puse a caminar en dirección de la luz. Llegué a una tienda pequeña donde encendí mi cigarro y pedí una copa de aguardiente. Entonces supe que la tienda estaba abierta porque el dueño estaba celebrando el bautizo de una niña. De una de las salas interiores se oía música. La obligación me llamaba, pero antes de volver a la oscura garita quería satisfacer mi curiosidad asomándome a la puerta de la sala. ¡Qué música más sabrosa, y qué chicas, por Dios! Sobre todo había una morena de ojos de fuego, de quien no podía quitar la vista.

—Pero era necesario volver. Tomé una decisión heroica y llegué hasta la puerta de la tienda. Pero caía ahora un fuerte aguacero, y pensé que debía esperar hasta que escampara[24] un poco. Así que volví a la sala de baile y al rato pude conversar con la linda morena. Bailé unas piezas con ella y comenzaba a declararle mi amor eterno cuando de repente oigo[25] la campana del castillo anunciando la hora de relevo. Salí de la tienda sin despedirme, pero cuando llegué a unos cien metros de la garita,

---

[16]**me tocó turno** my turn was   [17]**me entraron... fumar** I wanted to smoke very badly
[18]**chorro** spurt   [19]**yesquero** tinder box; device made of flint and a dry, inflammable material used for starting a fire before matches were common   [20]**me fijé en** I noticed
[21]**casucha** hut   [22]**por lo visto** apparently   [23]**encender** to light   [24]**escampara** it cleared up   [25]**oigo** I heard (present tense for emphasis)

me di cuenta de que era demasiado tarde. Ya el cabo y el soldado que me relevaba andaban con linternas buscándome.

—La Ordenanza Militar es inflexible en cuanto al centinela que abandone su puesto: la pena de muerte. Así que no pude volver al castillo y debía aprovechar[26] las horas de la noche para escaparme. Corrí hasta la playa, robé un bote y por fin llegué a este barrio donde un humilde campesino compartió su choza[27] conmigo. Trabajé un tiempo con él, aprendí a cultivar la tierra, y por fin adquirí unas tierras donde construí mi propio bohío[28] y fundé una familia, y ahora me ve usted convertido en un jíbaro[29] neto.

Así que el diablo no era el único responsable de lo que pasó con los centinelas que desaparecieron de la garita del diablo.

A menos que esa linda morena de ojos de fuego fuera una agente del diablo.

¿Quién sabe?

EJERCICIOS

A. Conteste con una oración completa.

1. ¿Dónde y cuándo nació Manuel Fernández Juncos?

2. ¿Cuándo llegó a Puerto Rico?

3. ¿Sobre qué escribió Manuel Fernández Juncos?

4. ¿Qué género le fascinaba y cuál fue una de sus obras más destacadas?

5. ¿Qué hay en el extremo norte del Castillo de San Cristóbal?

6. ¿Quiénes construyeron la garita? ¿Para qué?

7. ¿Cómo se comunicaba la garita con el Castillo de San Cristóbal?

---

[26]**aprovechar** to take advantage   [27]**choza** cabin   [28]**bohío** hut   [29]**Jíbaro** is a name given to the Puerto Rican rural dweller. The typical *jíbaro* is considered to embody rural virtues and to stand for what is most authentic in Puerto Rican customs. He has been idealized somewhat as the cowboy and the Southern mountaineer have in the United States.

8. ¿Qué pasaba con los centinelas que estaban encargados de la guardia en la garita?

9. ¿Qué creía la gente sobre la desaparición de los soldados?

10. ¿Con quién comentaban estos sucesos unos campesinos?

11. ¿Quién escuchaba los comentarios sin decir nada?

12. ¿Por qué buscó este forastero al viejito?

13. ¿Qué hacía este viejito en su juventud?

14. ¿Qué le pasó en el momento en que iba a prender uno de sus cigarros?

15. ¿Dónde prendió el cigarro?

16. ¿Por qué estaba abierta la tienda?

17. ¿Por qué se quedó el viejito más tiempo en la tienda?

18. ¿Qué pasó cuando él comenzaba a declararle su amor a la morena de ojos de fuego?

19. De acuerdo a la Ordenanza Militar, ¿qué pasa al centinela que abandona su puesto?

20. ¿Qué hizo el viejito cuando se dio cuenta de que no podía volver al castillo?

B. **Añada la palabra más apropiada para terminar las siguientes oraciones.**

1. En el norte del Castillo de San Cristóbal hay una extensión de _____ que penetra en el mar.

2. Los españoles construyeron en esta extensión de tierra una _____.

3. La garita se comunicaba con el Castillo de San Cristóbal por medio de un pasaje _____.

4. Varios _____ desaparecieron al estar velando en la garita.

5. Por fin se cerró el _____ que conducía a la garita.

6. Según creencias populares el _____ venía a llevarse a los infortunados guardias.

7. Unos _____ comentaban estos sucesos con un forastero.

8. El forastero buscó al _____ para preguntarle la razón por su actitud.

9. El viejito hizo _____ muchas veces en la garita durante su juventud.

10. El sitio era _____, frío y húmedo.

11. Cuando quiso prender su cigarro, un chorro de agua le mojó el _____.

12. Llegó a una _____, donde pudo encender su cigarro.

13. Caía un fuerte _____.

14. La Ordenanza Militar es _____ en cuanto al centinela que abandona su puesto.

15. El viejito se convirtió en un _____ al tener que huir del castillo.

C. **Sustituya las palabras en letra cursiva con sinónimos de la siguiente lista.**

contrariado	menos	comenzaba
forma	agradable	mandaba
inútil	choza	
penetraba	según	

1. El agua *entraba* por la ventanilla.

2. Cada dos horas se *enviaba* el relevo al centinela.

3. Todo fue *en vano*.

4. El lugar no era *ameno*.

5. Dos o tres soldados más desaparecieron de la misma *manera*.

6. *De acuerdo* con las creencias populares, el diablo se llevaba a los guardias.

7. Todos tenían miedo *con excepción* de un viejito.

8. Muy *disgustado*, se puso a maldecir su mala suerte.

9. *Empezaba* a declararle mi amor eterno.

10. Un humilde campesino compartió su *casita* conmigo.

D. **Tema para discusión en clase o para composición escrita:**

Piense en las obligaciones militares. ¿Hizo bien el hombre en escaparse?

Quisiera ser la pintura
de tu delantal rosado,
para estar siempre abrazado
a tu bonita cintura.

7 | Cofresí (Primera parte)

ara el siguiente relato, además de los datos rigurosamente históricos, nos hemos valido no sólo del cuento de Coll y Toste, sino también de la novela

histórica de Alejandro Tapia y Rivera, titulada simplemente Cofresí.
Nació Tapia en San Juan en 1826. Fue a Madrid a estudiar, como resultado de un duelo[1] con un oficial de artillería que causó su destierro.[2] Se dedicó a la investigación histórica y a la enseñanza, además de ser un autor destacado.[3] El teatro más famoso de San Juan lleva su nombre.

En un tiempo el nombre de Cofresí era temido y respetado por las costas del sur del oeste de Puerto Rico.

Fue perseguido en el mar por barcos de guerra enviados por el gobierno de los Estados Unidos y en tierra por las tropas españolas.

Era el rey de los piratas. No podemos, por lo tanto,[4] decir que era un hombre bueno, pero tenía un carácter digno de mejor destino. Era valiente, ingenioso, hábil y generoso. Tenía

---

[1]**duelo** duel [2]**destierro** exile [3]**destacado** outstanding [4]**por lo tanto** therefore

un don de mando[5] natural. Tenía fama de ser una especie de Robin Hood boricua, pues repartía[6] gran parte de su botín entre los pobres.

En otro tiempo y en otras circunstancias, hubiera podido ser,[7] tal vez, un héroe militar.

Pero era pirata.

Los sucesos que vamos a relatar ocurrieron hacia el final de su carrera.

Ya iba mar adentro después de unos días en tierra durante los que él y su tripulación[8] descansaron y consiguieron provisiones. Iba de noche en su veloz goleta[9] la *Ana*. Salía de su lugar de escondite[10] entre los islotes que bordean la costa sur de Puerto Rico e iba charlando con su buen amigo Ricardo. Ricardo había aprovechado estar en tierra para ver a su novia. De repente hubo un grito. —¡Vela[11] a la vista!

Cofresí gritó una orden y la *Ana* cambió de rumbo para acercarse más al otro barco. Una hora más tarde a la luz del amanecer, divisaron los piratas más claramente el otro barco, que resultó ser[12] danés. Vieron que no era un barco de guerra y juzgaron que debía ser presa[13] fácil. Así empezaron a perseguirlo. Sospechando que los de la goleta fueran piratas, los daneses se huyeron. Sin embargo, pronto se dieron cuenta de que la fuga era inútil. La goleta era mucho más veloz que el barco danés. Así pasaron súbitamente e hicieron frente a los piratas.

Cofresí gritó al capitán del barco danés que le enviara un bote.[14] Esta costumbre de pedir a un barco perseguido que enviara uno de sus propios botes tenía su razón de ser: primero, disminuía el número de hombres que podía defender el barco y, segundo, daba rehenes.[15] Y como generalmente los barcos perseguidos no estaban armados, complacían la demanda.

Pero esta vez el resultado fue diferente. En vez de ver obedecidas sus órdenes, los piratas vieron una llama en una apertura[16] del barco. Oyeron algo así como un trueno y vieron cómo

---

[5]**don de mando** leadership ability   [6]**repartía** he shared   [7]**hubiera podido ser** he might have been   [8]**tripulación** crew   [9]**goleta** schooner   [10]**escondite** hiding   [11]**vela** sail   [12]**resultó ser** turned out to be   [13]**presa** prey   [14]**bote** small boat   [15]**rehenes** hostages   [16]**apertura** opening

pasó cerca una bala de cañón. ¡El barco danés tenía un cañón escondido!

La bala no dio en el blanco,[17] pero como no esperaban resistencia, los piratas se asustaron. Fue necesaria la voz imperiosa de Cofresí para restablecer el orden. Entonces los piratas empezaron a hacer fuego con sus fusiles y con su propio cañón mientras que se acercaban lo más rápidamente posible para efectuar el abordaje. Los tripulantes daneses contestaron el fuego con sus propios fusiles, pero sólo tuvieron tiempo de disparar[18] su propio cañón una vez más. La *Ana* ya estaba al lado y los piratas sujetaron los dos barcos con ganchos de abordaje.[19]

El abordaje no fue cosa fácil, pues los daneses defendieron su barco con mucho valor. Por fin Cofresí y Ricardo llegaron a la cubierta[20] del barco danés después de un furioso combate cuerpo a cuerpo. Los otros piratas los siguieron y por fin pudieron tomar el barco. Cuando terminaba el combate, apareció sobre la cubierta una hermosa mujer con un niño entre sus brazos. Cofresí no pudo impedir la muerte de la mujer, pero intervino para salvar al niño. La nobleza y generosidad que caracterizaban a Cofresí no eran siempre compartidas por los otros tripulantes. Como es bien sabido, algunos de los piratas eran sumamente crueles.

En efecto, el homicida de la mujer y un compañero suyo querían también matar a Cofresí y a su amigo Ricardo para quedarse con[21] la *Ana* y con más botín. Después de cargar con el botín del barco danés y de hacer algunas reparaciones en su propia goleta, Cofresí llevó a los sobrevivientes de la tripulación danesa, ya prisioneros suyos, a una isleta cerca de la costa. Allí los dejó con un par de hachas y un par de fusiles para poder sobrevivir hasta que pudieran ser rescatados. Pero se quedó con el niño, a quien dejaba dormir en su propia litera.[22] A la noche siguiente uno de los presuntos amotinados[23] llegó hasta Cofresí y levantó el puñal[24] para matarlo. En ese momento el niño, que

---

[17]**no dio en el blanco** did not hit the target   [18]**disparar** to shoot   [19]**ganchos de abordaje** boarding hooks   [20]**cubierta** deck   [21]**para quedarse con** in order to keep   [22]**litera** bunk   [23]**presuntos amotinados** would-be mutineers   [24]**puñal** dagger

sufría una pesadilla,[25] producto de sus experiencias del día anterior, gritó: —¡Mamá! ¡Mamá!

Cofresí se despertó y antes de caer el puñal, la bala de una de sus pistolas puso fin a la vida del presunto asesino.

A la mañana siguiente los piratas divisaron otra vela. Pero cuando se acercaron un poco, supieron que se trataba de un barco de guerra norteamericano, la *Grampus*, enviado a esas aguas a propósito para buscar a Cofresí. Cofresí se dio cuenta de que era necesario escaparse cuanto antes. Esto no era fácil; la *Grampus* era más veloz que la *Ana*. Pero Cofresí conocía tan bien las aguas por la costa de Puerto Rico que metió su goleta por aguas poco profundas, entre los islotes, donde la *Grampus*, por su mayor tamaño, no se atrevía a[26] seguir. Por fin un chubasco[27] vino en ayuda de los piratas y lograron escaparse de sus perseguidores.

EJERCICIOS

A. Conteste con una oración completa.

1. ¿Dónde nació Tapia?

2. ¿Por qué se fue a Madrid?

3. ¿A qué se dedicó?

4. ¿Quiénes persiguieron a Cofresí?

5. ¿De qué tenía fama Cofresí? ¿Por qué?

6. ¿Qué hubiera podido ser bajo otras circunstancias?

7. ¿Cuándo ocurrieron los sucesos que se relatan aquí?

8. ¿Cómo se llamaba el barco de Cofresí?

9. ¿Dónde estaba escondido?

---

[25]**pesadilla** nightmare   [26]**no se atrevía a** didn't dare   [27]**chubasco** squall

10. ¿Qué vieron los piratas a la luz del amanecer?

11. ¿De qué se dieron cuenta los daneses?

12. ¿Qué le pidió Cofresí al capitán del otro barco?

13. ¿Qué hicieron entonces los del barco danés?

14. ¿Por qué se asustaron los piratas?

15. ¿Por qué fue difícil el abordaje?

16. ¿Quién apareció sobre la cubierta cuando terminaba el combate?

17. ¿Para qué intervino Cofresí?

18. ¿Por qué querían dos de los hombres matar a Cofresí?

19. ¿Quién le salvó la vida a Cofresí? ¿Cómo?

20. ¿Por qué no atacaron los piratas al segundo barco?

B. Añada la palabra más apropiada para terminar las siguientes oraciones.

1. Su _____ era temido y respetado por las costas del sur.

2. Tenía un carácter _____ de mejor destino.

3. Salieron de su lugar de escondite durante la _____.

4. Ricardo vio a su _____.

5. El otro barco resultó ser _____.

6. Los daneses no _____ la demanda de Cofresí.

7. Con su voz imperiosa, Cofresí _____ el orden.

8. Los otros piratas _____ a Cofresí y Ricardo.

9. La mujer tenía un _____ entre sus brazos.

10. Dejaron a los _____ en una isleta.

11. El niño sufría una _____.

12. La *Grampus* era un barco de _____.

13. Cofresí metió su goleta por aguas poco _____.

14. La *Grampus* no se atrevió a seguir porque era demasiado
    _____.

15. Los piratas lograron _____ de sus perseguidores.

C. **Sustituya las palabras en letra cursiva con sinónimos de la siguiente lista.**

asesino	mientras	dedicaron
islotes	salvar	divisaron
sumamente	rápida	
pararon	dispararon	

1. Al amanecer *vieron* otro barco.

2. Se *consagraron* a la investigación histórica.

3. El *homicida* levantó el puñal.

4. Se *detuvieron* e hicieron frente a los piratas.

5. La goleta era más *veloz* que el barco de guerra.

6. Algunos piratas eran *muy* crueles.

7. *Hicieron fuego con* sus fusiles.

8. Intervino para *proteger* al niño.

9. Hay una cantidad de *isletas* al sur de Puerto Rico.

10. Hacían fuego con el cañón *en lo que* se acercaban para el abordaje.

D. **Tema para discusión en clase o para composición escrita:**

Investigue la vida y las hazañas de otros piratas famosos y su manera de vivir.

Cásate, niña, temprano,
no hagas como la rosa,
que pasa de mano en mano
y el más infeliz la goza.

7 | Cofresí (Segunda parte)

Cofresí, buscado por las autoridades a causa de sus crímenes, pero respetado por la gente a causa de su generosidad, se había encargado de

un niño cuando la madre de éste fue matada durante la toma de un barco.

Una noche como a¹ las once, un hombre llamó a la puerta de una casa grande y rústica en el campo cerca del pueblo de Yauco, en el suroeste de Puerto Rico. A pesar de la barba postiza² con que se disfrazaba,³ se veía que era joven. El que vivía dentro de la casa tardó algún tiempo en contestar pero por fin abrió la puerta. Se veía por su modo de vestir que era sacerdote.

—¿Con quién tengo el gusto de hablar?

—Soy un hijo de la mar, reñido con⁴ las leyes de los hombres.

—¿Cómo? Perdone, pero no le entiendo.

—Soy lo que llaman los hombres un pirata.

—¡Cofresí! ¡Usted es Cofresí!

—Veo que mi nombre no es misterio para usted.

---

¹**como a** around   ²**postiza** false   ³**se disfrazaba** he was disguised   ⁴**reñido con** opposed to

—Acabo de llegar de Ponce y allí no se habla sino de usted. Hablan de unos navegantes que dejó usted en un cayo,[5] y que fueron recogidos por un barco de guerra norteamericano que lo persiguió a usted en vano hace algunos días. Pero se dice que van a seguir buscándolo sin descanso por mar y por tierra hasta que quede atrapado.

—Ya me lo imagino. Pero hasta ahora no me han cogido, ¿verdad?

—Algún día le cogerán, hijo mío —respondió el sacerdote con tristeza—. Pero, ¿por qué viene a visitarme?

—Para entregarle[6] estas joyas y este dinero. Son para el cuidado de un niño a quien acabo de dejar con una familia amiga. Sus padres murieron cuando apresamos[7] ese barco del que oyó usted hablar en Ponce. Padre, ¿acepta usted el encargo de velar[8] a ese niño?

—Mi deber es velar a los desgraciados. Y usted mismo debe arrepentirse de sus actos. Debe cambiar de vida.

—Ya es tarde, padre. —Y sin dejar que continuara la conversación, el pirata se despidió y salió a la oscuridad de la noche. El padre José Antonio quedó reflexionando y comprendió que había alguna bondad en el corazón del joven tan tristemente célebre.

Dos días más tarde salió la *Ana* otra vez hacia el mar abierto desde su escondite entre los islotes del sur de Puerto Rico. Después de navegar un tiempo, se vio una vela. Al acercarse más, Cofresí exclamó, —¡La *Anguila*!

Cofresí reconoció el barco. Era parecido al suyo, sólo que más grande y mejor equipado. Pertenecía a un conocido suyo llamado Juan Pieretti. En un tiempo trató de comprarle el barco a Pieretti, mas éste se negó a vendérselo. Cofresí prometió quitárselo a la fuerza y ésta era su oportunidad. La *Anguila* huyó mar afuera perseguida por la *Ana*, pero luego empezó a disminuir su velocidad. Quedó sorprendido Cofresí por la aparente calma y despreocupación de parte de los tripulantes de la *Anguila*. No parecían estar armados y se veía Pieretti tranquilo

---

[5]**cayo** islet   [6]**entregarle** to deliver to you   [7]**apresamos** we seized   [8]**velar** to look after

en medio de ellos. Cofresí gritó, —¡Aquí me tienes, Juan Bautista, dispuesto a quitarte el barco! —y luego a sus propios hombres— ¡Listos para el abordaje!

Pero en eso la cubierta de la *Anguila* se llenó de repente de hombres armados que abrieron fuego con sus fusiles y, al mismo tiempo, se abrió una porta[9] revelando un cañón que, al disparar desde la corta distancia, mandó una bala que abrió un hueco[10] en el casco[11] de la *Ana* a flor de agua.[12] ¡La aparente huida de la *Anguila* había sido una trampa, pues estaba muy bien armada! Los piratas contestaron el fuego con sus propios fusiles y su propio cañón. Pero no pudieron competir con el inmenso número de hombres contra quienes combatían, ya que la tripulación de la *Anguila* había sido escogida con el único fin de hacerle caza[13] a Cofresí, e incluía hombres entrenados[14] para la guerra, entre otros, algunos de la *Grampus*. Los que manejaban el cañón eran artilleros profesionales y mandaban una bala tras otra contra la línea de flotación[15] de la *Ana*. Pronto Cofresí se dio cuenta de que no podía ganar en aquella desigual lucha y trató de huir. Pero la *Ana*, severamente averiada[16] por el bombardeo, se hundía.[17] Sin embargo, pudo llegar más cerca de la costa donde los piratas se echaron al agua para salvarse. Algunos luego fueron capturados pero Cofresí y Ricardo, disfrazándose con los ramos[18] de plantas acuáticas, llegaron a la orilla y luego descansaron un tiempo en un bosque. Luego, después de buscar alimento en una tienda, se separaron, pues Ricardo, como era menos conocido, esperaba procurarles caballos para los dos. Sin embargo, antes que pudiera regresar Ricardo, Cofresí fue descubierto por una de las muchas patrullas que lo buscaban. Intentó oponer resistencia pero fue herido y así pudo ser capturado.

Luego de curarse algo las heridas, Cofresí fue conducido a San Juan por una escolta[19] militar de 25 hombres. Fue inútil un intento de Ricardo de rescatar[20] a su amigo y pagó con su vida. La bala de uno de los soldados le atravesó el corazón.

---

[9]**porta** gun port   [10]**hueco** hole   [11]**casco** hull   [12]**a flor de agua** at water level
[13]**hacerle caza** hunt down   [14]**entrenados** trained   [15]**línea de flotación** water line
[16]**averiada** damaged   [17]**se hundía** was sinking   [18]**ramos** branches   [19]**escolta** escort
[20]**rescatar** to rescue

Por distintos caminos llegaron a San Juan los piratas prisioneros. Fueron juzgados Cofresí y diez compañeros suyos en consejo de guerra y condenados a muerte. El padre José Antonio también llegó a San Juan para acompañar a los piratas en sus últimos momentos e iba junto a ellos cuando caminaban hacia el lugar de ejecución. Poco antes de llegar a este lugar, caminaban por una parte por donde se veía el mar.

El padre le dijo a Cofresí: —¿Ves aquella nave? En ella va el niño cuya vida salvaste. Hace dos días lo entregué a uno de sus parientes que vino a buscarlo.

Cofresí contempló el mar por última vez. Allá lejos, vio cómo la nave hendía[21] las olas suavemente.

Roberto Cofresí, junto con diez compañeros suyos, fue pasado por las armas[22] el 27 de marzo de 1825.

EJERCICIOS

A. Conteste con una oración completa.

1. ¿Cómo se disfrazaba el hombre que llamó a la puerta?

2. ¿Quién contestó?

3. ¿De dónde acababa de llegar?

4. ¿Qué le entregó Cofresí al sacerdote?

5. Según el sacerdote, ¿qué debía hacer Cofresí?

6. ¿Qué contestó Cofresí?

7. ¿A quién pertenecía la *Anguila*?

8. ¿Quiénes iban a bordo de la *Anguila*?

9. ¿Qué pasó con la *Ana*?

10. ¿Qué hicieron los piratas para salvarse?

11. ¿Quién no fue capturado?

---

[21]**hendía** cut through   [22]**pasado por las armas** executed

12. ¿Dónde fueron juzgados los piratas?

13. ¿Quién acompañó a los piratas en sus últimos momentos?

14. ¿Qué vio Cofresí cuando contempló el mar por última vez?

15. ¿Cuándo fue pasado por las armas?

B. ¿Son ciertas o falsas las siguientes oraciones? Si son falsas, cámbielas de manera que queden correctas.

1. Ricardo era el nombre de Cofresí.

2. Cofresí llevó al niño a Yauco.

3. El barco danés se llamaba la *Grampus*.

4. El sacerdote se llamaba José Antonio.

5. Cofresí no ganó en la lucha con la *Ana*.

6. La *Anguila* era propiedad de Pieretti.

7. Cofresí fue capturado en el mar.

8. José Antonio acompañó a Cofresí en sus últimos momentos.

9. Cofresí fue fusilado.

10. Ricardo logró sobrevivir.

C. Identifique:

Juan Pieretti   *Grampus*
Alejandro Tapia   *Ana*
Ricardo

D. Sustituya las palabras en letra cursiva con sinónimos de la siguiente lista.

pensar en	cogido	barcos
conseguir	echado	después
combatir	llevado	
huir	amigo	

1. Trató de *escaparse*.

2. No me han *atrapado* todavía.

3. *Luego* de curarse las heridas, fue *conducido* a San Juan.

4. Se puso a *reflexionar sobre* el problema.

5. No pudo *luchar* contra la "Grampus".

6. Hay dos *naves* en el puerto.

7. Esperaba *procurar* caballos.

8. Se han *lanzado* al agua para salvarse.

9. Ricardo fue *compañero* de Cofresí.

E.   Tema para discusión en clase o para composición escrita:

Haga un análisis del carácter de Cofresí.

Cuando recibí el papel
en que tú no me querías,
hasta la perra de casa
me miraba y se reía.

8 | Carabalí

Ya sabemos que los indios se escaparon del trabajo forzado impuesto por los españoles o murieron como resultado del mismo. Para suplir a estos indios,

a principios del siglo XVI, empezaron a introducirse en Puerto Rico esclavos negros. La trata de esclavos fue un lucrativo negocio por más de dos siglos y hubo esclavos negros en Puerto Rico durante más de 300 años. Se utilizaron mucho en el cultivo de la caña de azúcar, el principal producto agrícola del país. Por fin, el 22 de marzo de 1873, se abolió la esclavitud. El 22 de marzo se celebra en Puerto Rico como fiesta oficial con este motivo.

Hay evidencia de que la ley fue muy severa durante la época de la esclavitud, no sólo con los negros esclavos, sino también con los libertados. Aun éstos gozaron de pocos derechos.

Una de las leyendas más famosas de Coll y Toste, la cual nos ha servido de base para el siguiente relato, cuenta cómo uno de estos esclavos no quiso aceptar su destino.

Los trabajadores de la hacienda San Blas, situada en un valle entre las montañas al sur de Arecibo, estaban alborotados.[1] Carabalí, el esclavo rebelde, se había escapado por tercera vez.

—Aliste[2] a los perros y a los hombres que necesitemos para la persecución inmediatamente —le dijo el mayoral al capataz—. ¡Hay que matar a ese negro! ¡Su muerte servirá de escarmiento[3] a los demás!

Así, temprano por la mañana de un día claro, hombres y perros de la gran hacienda San Blas se pusieron en camino para perseguir al hombre que prefería morir libre que vivir esclavo. Y en ese mismo momento, en una cueva en lo alto de[4] las montañas, Carabalí esperaba a sus perseguidores. Se había escapado la noche anterior, una noche fría de neblina y lluvia. Con grandes dificultades, había subido una montaña y había llegado a una cueva que conocía por una escapada anterior. Rendido de cansancio,[5] había dormido al llegar a la cueva. Como sabía que no tardarían en llegar sus perseguidores, se había levantado temprano para preparar su defensa.

Con un machete que había robado de la hacienda, cortó una cantidad de ramos para tapar[6] la entrada de la cueva. Después construyó con éstos una barricada, dejando tan sólo un pequeño hueco por donde entraban luz y aire. Y comiendo frutas silvestres, se sentó a esperar a los perseguidores. No tuvo que esperar mucho. Pronto los ladridos[7] de los perros le avisaron[8] que se acercaban.

Los ladridos se oían más cerca. De repente se dio cuenta de que uno de los perros ya estaba a la entrada de la cueva. El perro se puso a escarbar[9] y pronto abrió un hueco más grande por donde pudo meter una pata y toda la cabeza. Carabalí le descargó un tremendo machetazo que le cercenó el cuello,[10] y después volvió a arreglar la barricada. De la misma manera pudo matar dos perros más. Pero con el tercero erró el golpe y el

---

[1]**alborotados** excited   [2]**aliste** get ready   [3]**servirá de escarmiento** will teach a lesson
[4]**en lo alto de** high up in   [5]**rendido de cansancio** completely exhausted   [6]**tapar**
to cover   [7]**ladridos** barks   [8]**avisaron** warned   [9]**escarbar** to scrape, dig   [10]**le cercenó
el cuello** cut his head off

perro, herido, corrió ladrando hasta los hombres que ya estaban cerca de la cueva.

Los hombres dispararon sus fusiles, obligando a Carabalí a refugiarse en el interior de la cueva. Y al llegar a la entrada de la cueva, deshicieron la barricada permitiendo entrar a los perros y atacar en tropel[11] al fugitivo. Como no podían ver dentro de la cueva, los hombres esperaron fuera a que los perros agarraran[12] al infortunado esclavo. Carabalí, resuelto a luchar hasta agotar[13] sus fuerzas, retrocedía defendiéndose a machetazos.[14] Pero de repente sintió que le faltaba tierra bajo sus pies y se cayó en un profundo abismo. Los perros ladraban frustrados al borde del abismo. A tientas,[15] entraron los hombres en la cueva para averiguar lo que había pasado. Luego, creyendo muerto a Carabalí, se fueron, llevándose a los perros que habían sobrevivido los machetazos del africano.

Mas la suerte, tan adversa a veces, ahora le sonreía. Se había caído en un fango[16] blando dentro de un arroyo[17] subterráneo y no estaba herido. Pudo ver otra entrada de la cueva por donde salía el agua del arroyo. Y sin buscar mucho, recuperó su machete. Al orientarse, se dio cuenta de que el arroyo salía por otro lado de la montaña hacia los terrenos de otra hacienda llamada San Antonio.

Acosado[18] por el hambre, Carabalí bajaba por los terrenos del San Antonio para robar comida. Con el tiempo encontraba a otros esclavos desertores a quienes reunió en una cuadrilla,[19] enseñándoles el secreto de la cueva. Éstos trabajaron para arreglar mejor su escondite. También tallaron[20] en la piedra una subida secreta que conducía a la parte superior de la cueva donde originalmente había entrado Carabalí, y desde donde se podía bajar a los terrenos del San Blas.

Desde aquel momento la cuadrilla de Carabalí prácticamente limitó sus incursiones a los terrenos de la hacienda San Blas. Desapareció el ganado, desaparecieron las aves, y un día se

---

[11]**en tropel** all at once   [12]**a que los perros agarraran** for the dogs to grab   [13]**agotar** to use up   [14]**a machetazos** with machete blows   [15]**a tientas** feeling their way along   [16]**fango** mud   [17]**arroyo** small stream   [18]**acosado** pursued   [19]**cuadrilla** troop   [20]**tallaron** carved

encontró muerto a un capataz. En vano se mandaron soldados a la cueva; no descubrieron el secreto de Carabalí.

Sólo encontraron huesos; los huesos de animales que Carabalí y los suyos habían comido. Pero para dar más importancia al asunto, contaban que había allí huesos humanos también. Pronto empezaba a llamarse la Cueva de los Muertos. Y con tal nombre, la cueva empezó a inspirar un miedo supersticioso.

Sin poder encontrar una explicación natural a lo que pasaba, la gente creó una explicación sobrenatural. Decían que se trataba del alma en pena[21] de Carabalí junto con un grupo de espíritus malignos que salían a vengarse de los dueños y capataces del San Blas.

Carabalí mismo nunca hizo nada para corregir esta impresión equivocada.

Creía que convenía que los blancos fuesen[22] a veces víctimas de sus propias supersticiones.

EJERCICIOS

A. Conteste con una oración completa.

1. ¿Durante cuánto tiempo hubo esclavos negros en Puerto Rico?

2. ¿Para qué los utilizaron?

3. ¿Cuándo se abolió la esclavitud en Puerto Rico?

4. ¿Dónde trabajaba Carabalí?

5. ¿Cuántas veces se había escapado?

6. ¿En dónde se escondió Carabalí?

7. ¿Cómo arregló la entrada?

8. ¿Cómo supo Carabalí que estaban cerca sus perseguidores?

---

[21]**alma en pena** condemned soul   [22]**convenía... fuesen** it was a good idea for white people to be

9. ¿Cómo se defendió contra los perros?

10. Al principio, ¿por qué no entraron en la cueva los hombres?

11. ¿En qué se cayó Carabalí?

12. ¿De quiénes se formó la cuadrilla de Carabalí?

13. ¿Qué encontraron los soldados en la cueva?

14. ¿Cómo explicaba la gente las incursiones de Carabalí?

15. ¿Qué hizo Carabalí para corregir esta impresión?

B. Añada la palabra más apropiada para terminar las siguientes oraciones.

1. Carabalí se escapó de la hacienda _____.

2. Se refugió en una _____ en lo alto de las montañas.

3. Durmió poco porque sabía que no tardarían en llegar sus _____.

4. Cortó los ramos con un _____.

5. Pronto oyó los _____ de los perros.

6. Mató al primer perro descargándole un _____.

7. La única arma que tenía Carabalí era su machete; en cambio, los hombres tenían _____.

8. Carabalí no se hirió cuando _____.

9. Los hombres creyeron que Carabalí estaba _____.

10. Carabalí descubrió que el arroyo salía hacia los terrenos de otra _____.

11. Buscó comida en los terrenos del _____.

12. Enseñó a otros _____ el secreto de la cueva.

13. Juntos tallaron en la piedra una _____ secreta.

14. Se mandaron _____ a investigar.

15. La gente creó una explicación _____.

C. **Sustituya las palabras en letra cursiva con sinónimos de la siguiente lista. Es posible usar una palabra o frase de la lista más de una vez.**

contaban   preparar   escapada
dejaron saber   tapar   muy cansado
pelear   ejemplo   más alta

1. Su muerte servirá de *escarmiento* a los demás.
2. Carabalí estaba *agotado*.
3. Los ladridos le *avisaron* que se acercaban sus perseguidores.
4. Se levantó temprano para *arreglar* su defensa.
5. Conocía la cueva por una *fuga* anterior.
6. Se puso a *cubrir* la entrada.
7. Carabalí estaba resuelto a *luchar*.
8. La subida conducía a la parte *superior* de la cueva.
9. Los soldados *informaron* lo que encontraron.
10. *Decían* que había huesos humanos allí.

D. **Tema para discusión en clase o para composición escrita:**

Haga una comparación entre la vida de los esclavos en Puerto Rico y en los Estados Unidos.

No te enamores, niña,
de hombre que andando,
dinero en el bolsillo
le va sonando.

9 | Lola de América

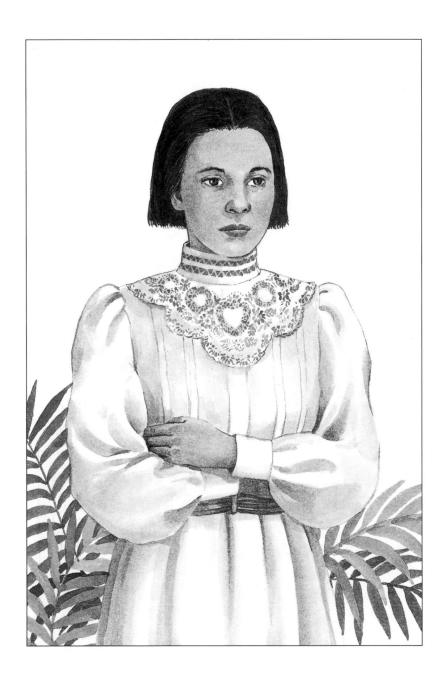

*P*uerto Rico ha dado al mundo destacadas[1] mujeres, y la mujer juega un papel[2] importante en la vida social y política de la Isla. Hubo una mujer que hizo su propio movimiento de liberación femenina, destacándose como poeta, como valerosa luchadora por las libertades políticas, como fiel y cariñosa esposa, y hasta como conquilióloga[3] (acumuló una magnífica colección de caracoles a la vez que un gran conocimiento de ellos).

Compuso la primera letra[4] de "La Borinqueña," una melodía popular de origen incierto, que por esta razón se convirtió en himno nacional de Puerto Rico, aunque la letra que se canta hoy es distinta.

Cuando pronunció el discurso de graduación de un colegio de Mayagüez en 1873 (el mismo año de la abolición de la esclavitud), se distinguió por ser la primera mujer en expresarse ante un auditorio público en Puerto Rico.

El diseño de la bandera puertorriqueña actual se debe, en gran parte, a las sugerencias de ella.

---

[1]**destacadas** outstanding [2]**juega un papel** plays a part [3]**conquilióloga** seashell collector [4]**letra** words of a song

Abandonó la escuela a los diez años de edad pero su hija, Patria, fue la primera mujer puertorriqueña en obtener el grado de doctorado.

Esta mujer fue Lola Rodríguez de Tió, afectuosamente conocida como "Lola de América," nacida en San Germán el 14 de septiembre de 1843 de una de las principales familias de la ciudad. Presentamos aquí una anécdota que muestra claramente el carácter de esta gran mujer.[5]

—¡Ay, quién tuviera[6] esa cabellera tuya, y quién tuviera un novio tan guapo!

Lola no dejó de sentir la nota burlona en la voz de su hermana mayor. Iba a decir algo pero se contuvo. Se limitó a seguir peinando la lustrosa cabellera, sentada en compañía de sus hermanas y de su madre en el fresco balcón de la espaciosa casa de San Germán.

—¡Pero cómo no, mamá! —contestó Aurora, la hermana mayor—. ¿Sabes que anda loca por ese joven que acaba de volver de Europa que se llama Bonocio Tió Segarra? El otro día cuando caminábamos por la calle, lo vimos. ¡Lola se le quedó mirando con unos ojos![7] Y luego me dijo que él sería su novio y su marido. Tengo que reconocer que no eligió mal. Es el mejor partido[8] del pueblo. Claro que lo único que le falta ahora[9] es que él la elija a ella —añadió con picardía.

—¡Verás que sí! ¡Verás que ese hombre sí será mi marido! —contestó Lola con energía y enojo.

---

[5]The source of much of the information about Lola Rodríguez de Tió is *Lola de América* by Carmen Leila Cuevas. This author is an outstanding woman in her own right, having taken an active part in literary, social and civic affairs in Puerto Rico.   [6]**quién tuviera** I wish I had   [7]**¡Lola... ojos!** You should have seen the way Lola looked at him! [8]**partido** choice   [9]**lo único que le falta ahora** all that's needed now

—¡Basta ya! Lola, esas actitudes no se ven bien en una jovencita de tu edad. Y tienes que dejar esas coqueterías. Y si no, vamos a mandar cortar ese pelo que te encanta tanto lucir[10] —regañó[11] la mamá, ya francamente irritada.

Lola no dijo nada. Se quedó pensando un rato y luego tranquilamente se levantó y entró en la casa.

Un rato más tarde, entró en la barbería que frecuentaba su padre. Pidió al peluquero que cortara la cabellera que había causado el regaño maternal. Éste, asustado ante una petición tan inesperada, se negó a actuar. En esto,[12] llegó el padre de la muchacha y enterado del asunto, le preguntó a ésta el porqué de[13] una decisión tan drástica y absurda. Afirmó que no tenía la menor intención de consentírsela.

—Mamá me lo mandó cortar para castigarme. Dice que así pondrá fin a mis coqueterías —contestó Lola.

El padre vaciló. La petición parecía absurda pero, sin duda, la madre tenía sus razones. No quería llevarle la contraria a su esposa por cuyas venas corría la sangre del gran conquistador[14] y así, con temblorosa voz, le dijo al barbero que podía cumplir lo que Lola pedía. Perplejo pero obediente, el barbero cortó la abundante cabellera que había sido el gran adorno natural de Lola.

Este acto no tardó en tener consecuencias graves. La sociedad de la época no aceptaba fácilmente un cambio tan radical en las costumbres y comentaba escandalizada el asunto. La madre, avergonzada del resultado de su desafortunado regaño, afirmó que su intención había sido solamente la de corregir a la niña, y que ésta, dominada por sus propios impulsos, llevaba las cosas demasiado lejos. Ahora sí merecía[15] un castigo de verdad. Así, la encerraron en su habitación por varios días, en parte por castigo, y en parte para que no se viera[16] por las calles con ese horrible pelo tan corto.

Pero el castigo no podía durar para siempre. Y una circunstancia vino en auxilio de Lola. El joven que tanto le interesaba

---

[10]**lucir** to display   [11]**regañó** scolded   [12]**en esto** at this point   [13]**el porqué de** the reason for   [14]Lola's mother was a descendant of Ponce de León.   [15]**merecía** deserved   [16]**para que no se viera** so that she wouldn't be seen

llegaba a hacerse amigo de la familia, y oportunamente les invitó a todos a una fiesta. Se levantó la penitencia de la niña, de manera que ésta pudo platicar con el dueño de sus amores.

—Pero, ¿por qué te cortaste el pelo, Lola?

—Por usted. Mis hermanas le dijeron a mi mamá que estaba enamorada de usted, y mamá me amenazó[17] con cortarme el pelo. Entonces me lo mandé cortar yo misma.

—Pero, ¿es verdad eso? Digo, ¿es verdad que estás enamorada de mí?

—Sí, he dicho que si me caso será con usted.

Bonocio no podía menos que sentir[18] un gran afecto por esta niña voluntariosa que tanto sacrificara en aras de[19] su amor por él. Así, no pasó mucho tiempo antes que formalizaran relaciones y se casaron poco tiempo después, aunque ella era apenas una adolescente y él le llevaba unos diez años.[20]

Pasaron una feliz e inolvidable luna de miel en París y a través de una accidentada vida fueron compañeros inseparables, hasta que él murió en 1905.

¿Y el pelo de Lola? Pues nunca volvió a dejarlo crecer. Parece que quedó encantada con lo cómodo y lo conveniente que era llevarlo corto, y el bueno de[21] Bonocio, recordando el origen de la costumbre, consentía satisfecho este capricho de su esposa.

Y para terminar, copiamos aquí una bella poesía que en memoria de su esposo, dedica a un familiar político, al final de su vida:

Paisajito de Otoño

—A Alberto Malaret y Tió

Paisajito de Otoño, melancólico y suave
que tienes la belleza de una puesta de Sol,
y el oro del ensueño, y el azul infinito
de ese Cielo del alma que se llama el Amor.

---

[17]**amenazó** threatened [18]**no podía... sentir** could not help feeling [19]**tanto... aras de** had sacrificed so much in defense of [20]**le llevaba unos diez años** was about ten years older [21]**el bueno de** like a good fellow

Paisajito de Otoño, silencioso y dormido
bañado en los reflejos de la luz vesperal
déjame que te cante, déjame que suspire
con la misma tristeza, con que solloza el mar.
Tú tienes el encanto, tú tienes la ternura
de todo lo que sueña mi amante corazón;
tú evocas el recuerdo de todo lo perdido
y haces sentir la pena de un intenso dolor.

Lola Rodríguez de Tió

EJERCICIOS

A. Conteste con una oración completa.

1. ¿Cómo se llamaba la hermana mayor de Lola?

2. ¿Cómo se llamaba el joven que le gustaba a Lola?

3. ¿De dónde venía él?

4. ¿Por qué quería la mamá cortarle el pelo a Lola?

5. ¿Qué le pidió Lola al peluquero?

6. ¿Por qué se negó el peluquero?

7. ¿Quién llegó a la barbería?

8. ¿Cómo le pareció la petición al padre?

9. ¿Por qué le dijo al barbero que podía cumplir lo que Lola pedía?

10. ¿Cómo se sentía la madre al ver el resultado de su regaño?

11. ¿Por qué encerraron a Lola en su habitación?

12. ¿Qué circunstancia vino en auxilio de Lola?

13. ¿Quién llegaba a hacerse amigo de la familia?

14. ¿Qué sentía Bonocio hacia Lola?

15. ¿Cuánto tiempo pasó antes que formalizaran relaciones?

16. ¿Cuántos años le llevaba Bonocio a Lola?

17. ¿Dónde pasaron su luna de miel?

18. ¿Cuándo murió él?

19. ¿Por qué no volvió Lola a dejarse crecer el pelo?

20. ¿Por qué consentía Bonocio este capricho de su esposa?

B. Añada la palabra más apropiada para terminar las siguientes oraciones.

1. Lola se dio cuenta de la nota _____ en la voz de su hermana.

2. Ella siguió peinándose la _____ cabellera.

3. Aurora tenía que _____ que Lola no había elegido mal.

4. Las _____ de Lola no se veían bien en una jovencita de su edad.

5. La mamá quería que Lola dejara sus _____.

6. Lola entró en la _____ que frecuentaba su padre.

7. El padre vaciló, pues la _____ parecía absurda.

8. El barbero estaba _____ pero obedeció.

9. La sociedad comentaba _____ el asunto.

10. Una _____ vino en auxilio de Lola.

11. Lola pudo _____ con el dueño de sus amores.

12. Muy pronto Lola y Bonocio _____ relaciones.

13. Su luna de miel fue feliz e _____.

14. Una _____ vida los hizo compañeros inseparables.

15. Bonocio aceptaba el _____ de su esposa.

C. **Sustituya las palabras en letra cursiva con sinónimos de la siguiente lista. Cambie los verbos, nombres y adjetivos a la forma apropiada cuando sea necesario.**

elegir   seguir   famoso
asustar   conseguir   tranquilamente
anunciar   encantar
expresarse   energía

1. Son mujeres *destacadas*.
2. *Avisaron* que iban a tener una fiesta.
3. Ella *obtuvo* el grado de doctorado.
4. *Habló* ante un auditorio público.
5. Lo dijo con mucha *fuerza*.
6. Él no la ha *escogido*.
7. Le *gusta mucho* lucir el pelo.
8. Estaba *aterrada*.
9. Ella *continuó* mirándolo.
10. Se levantó *con calma*.

D. **Escriba oraciones completas sobre cuatro cosas extraordinarias que hizo Lola.**

E. **Tema para discusión en clase o para composición escrita:**

¿Sería Lola considerada una feminista hoy día? ¿Por qué? (¿o por qué no?)

Si me quieres te advierto
que soy celosa
y en algunos asuntos
escrupulosa.

10 | Elena de la Santa Montaña

L *a escena de esta leyenda es un pueblo en el sureste*
de Puerto Rico entre las montañas. Se cuenta
que Elena llegó a San Lorenzo después de un
temporal.[1] *Los temporales*
y los huracanes han sido
motivo de grandes
preocupaciones de los
habitantes de Puerto Rico
desde los tiempos de los
taínos hasta nuestros
días. Algunas de estas
tempestades tropicales han
causado grandes estragos,[2]
provocando inundaciones y dejando a muchas personas
sin hogar.

Debemos muchos de los datos acerca de Elena
a la maestra de San Lorenzo, Carmen Julia Vázquez
de Santiago. Ella dice al preparar su relato sobre Elena
que ella cuenta "como se lo narraron a varios campesinos
de tierra adentro; ellos me lo contaron a mí y yo se lo
cuento a ustedes. Ustedes lo contarán a otros".

Y eso es precisamente lo que estamos haciendo.

---

[1] **temporal** a tropical storm lacking hurricane force, but which nevertheless can cause great damage [2] **estragos** damage

¿Quién era Elena realmente?

Apareció por primera vez en San Lorenzo alrededor del año 1900, a raíz de[3] un temporal. Ayudó a los damnificados y luego se retiró a vivir sola en una montaña. Pero esto no quiere decir que dejó de tratar a la gente. Por lo contrario, reunía a las niñas para formar un coro y reunía a los mayores para escuchar sus problemas y para darles consejos. Y hasta reunía a los animales. Una vez reunió a todos los perros del barrio y les sirvió una comida como si fueran personas. Y todos comieron juntos, portándose[4] como personas bien educadas.

Elena era bonita, alta y delgada. Tenía el pelo largo y usaba un traje largo con manga larga y cuello subido. Algunos dicen que se alimentaba sólo de naranjas agrias y de limones, pero no por eso le faltaba fuerza. Cuando hablaba desde su "tribunita de la santa montaña", su voz penetrante se oía por todos los alrededores. Y a veces bajaba al pueblo. Dondequiera que iba, la acompañaban las niñas y la gente sencilla que la querían. La llamaban afectuosamente "nuestra madre".

Una vez que bajó al pueblo, Juancho, el guapetón[5] del barrio, se puso a mofarse de[6] ella.

—Ahí va la bruja con sus brujitos detrás. Allá esos imbéciles que todo lo creen. ¡A mí no me coge de bobo!

Elena no dijo nada. Siguió su camino, pidiendo a Dios que perdonara a Juancho. Y cuando nuevamente Juancho vio a Elena, se arrodilló delante de ella para pedirle perdón. Su rancho ardía en llamas. Y Juancho entendió esto como un castigo de Dios.

Los campesinos a veces la cargaban en los hombros. Una vez llegaron a un río y uno de ellos exclamó:

—Nuestra madre, no lo podemos cruzar.

—Yo creo que sí. Por aquí mismo.

Descubrieron que al pasar por el sitio indicado el agua apenas les mojaba[7] los pies.

---

[3]**a raíz de** immediately after   [4]**portándose** behaving themselves   [5]**guapetón** handsome guy   [6]**mofarse de** to make fun of   [7]**mojaba** got wet

Pero, ¿de dónde vino Elena? Los humildes campesinos de San Lorenzo nunca lo supieron con seguridad. Algunos dijeron que apareció de la nada. Otros dijeron que caminó sobre las olas del mar desde un sitio lejano hasta la Isla. La versión menos fantástica es que pertenecía a un grupo de monjas[8] españolas que vivían en San Juan cuando llegaron los americanos. En ese momento la comunidad religiosa se disolvió y las monjas se dedicaron a hacer buenas obras en distintas partes de la Isla.

Una anciana recuerda que Elena era también profeta. Entre sus profecías recuerda lo siguiente:

—Llegará el día en que la gente vuele por el aire.

—Caminarán los hombres por la tierra más ligero[9] que las bestias.

—Deben tener terror cuando pase una carretera por la montaña.

—Veremos el agua sonar en los ríos y no la podremos tomar.

(Podemos suponer que Elena no tendría una opinión muy favorable de la nueva carretera de cuatro carriles[10] que cruza las montañas de San Juan a Ponce. ¿Será ésa la carretera a la cual se refiere? Y tenemos que aceptar que las fábricas han contaminado los ríos en muchos sitios.)

Le encantaba la música. No sólo formó un coro con las niñas del barrio, sino que también tocaba el cuatro.[11] Tocaba música celestial según afirman los viejos campesinos de los alrededores.

Una noche se encerró en su choza y no se volvió a ver. Algunas personas que se acercaron a la choza al otro día dijeron que encontraron sangre. Lo cierto es que nunca se explicó cómo ocurrió su muerte, ni se sabe dónde está enterrada.

Pero todavía los campesinos de aquellos lugares cuidan el sitio donde vivía. Erigieron una rústica capilla en su memoria que aún permanece. Y una vez al año durante la Semana Santa, un sacerdote del pueblo de San Lorenzo ofrece una misa allí. No ha sido canonizada,[12] y por eso sería tal vez incorrecto de-

---

[8]**monjas** nuns   [9]**ligero** swiftly   [10]**carretera de cuatro carriles** four-lane highway
[11]**cuatro** typical Puerto Rican musical instrument similar to the guitar   [12]**canonizada** canonized; officially recognized as a saint by the Roman Catholic Church

cirle "santa". Pero los campesinos que han mantenido viva la tradición y para quienes era "Nuestra Madre" no dudan en llamarle también "Santa Elena".

EJERCICIOS

A. Conteste con una oración completa.

1. ¿Cuándo apareció Elena por primera vez en San Lorenzo?

2. ¿De dónde venía?

3. ¿Qué hizo cuando llegó?

4. ¿Qué pasó cuando reunió a todos los perros?

5. ¿Qué comía Elena?

6. ¿Cómo la llamaba la gente de San Lorenzo?

7. ¿Quiénes la acompañaban siempre?

8. ¿Quién se mofó de ella?

9. ¿Cómo le contestó Elena?

10. ¿Quiénes hicieron buenas obras en diferentes partes de la Isla?

11. Según Elena, ¿cuándo debemos tener terror?

12. ¿Qué pasará a los ríos?

13. ¿Cómo demostró Elena que le gustaba la música?

14. ¿Cómo ocurrió su muerte?

15. ¿Qué hicieron los campesinos de aquellos lugares?

B. Añada la palabra más apropiada para terminar las siguientes oraciones.

1. Las _____ tropicales han sido motivo de preocupaciones.

2. Algunos huracanes han causado grandes _____.

3. Reunía a las niñas para formar un _____.

4. Elena era alta y _____.

5. Juancho era el _____ del barrio.

6. Los campesinos la _____ en los hombros.

7. Pasaron por el sitio que _____ Elena.

8. Elena _____ a un grupo de monjas españolas.

9. Elena era también _____.

10. No tendría una opinión muy favorable de la nueva _____.

11. Los campesinos afirman que tocaba música _____.

12. Las _____ han contaminado los ríos.

13. Se _____ en la choza.

14. El sacerdote _____ una misa allí.

15. Elena no ha sido _____.

C. **Sustituya las palabras en letra cursiva con sinónimos de la siguiente lista. Cambie los verbos, nombres y adjetivos a la forma apropiada cuando sea necesario.**

fascinar	provocar	anciana
erigir	usar	preocupación
disolverse	todavía	
sobre	pero	

1. Ha sido motivo de *inquietudes*.

2. *Vestía de* un traje largo.

3. No tenemos muchos datos *acerca de* Elena.

4. La comunidad religiosa *dejó de existir.*

5. La *viejita* recuerda que Elena era profeta.

6. La tempestad *causó* inundaciones.

7. Comía poco, *mas* no por eso le faltaba fuerza.

8. Le *encanta* la música.

9. *Construyeron* una capilla en su memoria.

10. El sacerdote *aún* ofrece una misa allí.

D. Temas para discusión en clase o para composiciones escritas:

1. Haga una comparación entre Lola de América y Elena.

2. Analice la actitud de Juancho: ¿Cómo se explica su agresividad inicial?

E. Adivinanza

Una dama muy delgada
y de palidez mortal
que se alegra y se reanima
cuando la van a quemar.

Qué es?

Cantando olvido mis penas
mientras voy hacia la mar;
las penas van y vuelven
mas yo no vuelvo jamás.

(la vela)

En Puerto Rico hay una actitud ambigua[1] acerca de los perros. Por una parte, mucha gente los quiere mucho, y en muchas partes son muy bien recibidos. Pero la gente también les tiene miedo, un miedo a veces exagerado. Y el origen de esto se encuentra en que los españoles muchas veces usaron perros para perseguir a los indios. Uno de los relatos de Coll y Toste trata del más famoso de estos perros, que se llamaba Becerrillo. Este feroz y valiente perro por fin murió defendiendo a su amo en un ataque de los caribes.

En una playa de la ciudad de San Juan un perro de piedra mira hacia el mar. Y las dos leyendas que se han formado en torno a esta vieja estatua revelan muy bien la actitud ambigua que mencionamos. En una de estas leyendas, un taíno perseguido por un perro de los españoles implora a Yucajú que lo salve. En ese mismo instante el perro se convierte en piedra. La otra leyenda es la que vamos a narrar aquí.

Se dice que el perro es el mejor amigo del hombre, y muchas historias lo comprueban. Y ninguna es más

[1]**ambigua** ambiguous, inconsistent

*elocuente del[2] afecto y la lealtad que sienten estas nobles
bestias por sus amos que la presente.*

Allá para la época en que la industrialización y el progreso económico no habían llegado a la Isla, muchos de los humildes
pescaban para ganarse la vida. Todos los días antes de salir el sol
salían en sus remendados botes a probar suerte en el mar. Para
aquellos pobres pescadores no existían vacaciones, ni domingos,
ni días feriados (excepto el Viernes Santo: ese día era sagrado y
nadie salía a pescar).

Uno de estos pescadores llamado Miguel vivía en una choza
en un arrabal[3] de San Juan. Prefería salir en su bote por un
punto de la costa norte que está situado frente al puente que
une al Condado con San Juan. Nadie más usaba ese lugar por
ser considerado peligroso.[4] Las olas batían con fuerza sobre los
peñascos[5] que rodean la playa. Al valiente Miguel le gustaba ese
punto porque había muchos peces y además podía disfrutar de
paz y tranquilidad. Le gustaba estar solo para pensar en su
amada Aurelia, la esposa fallecida. Al morir, ella le había dejado
como consuelo a su soledad un fiel perro. El animal lo acompañaba todas las mañanas a la playa y lo esperaba alegremente
allí todas las tardes cuando él regresaba en su bote. Miguel con-
versaba con el animal, su único amigo.

—Hoy era un día bueno; había mucha pesca.

El animal parecía entenderle y se mostraba contento, lamiendo[6] a su amo.

—Hoy no pesqué nada.

---

[2]**ninguna… del** none speaks more highly of the   [3]**arrabal** suburb   [4]**por ser
considerado peligroso** because it was considered dangerous   [5]**peñascos** large rocks
[6]**lamiendo** licking

—No había mucha pesca; sólo traje estas sardinitas.

Y así sucedía a diario: el hombre y la bestia se comprendían y compartían la vida.

De noche el animal dormía al lado del camastro del amo, vigilando y cuidando.

—Estoy enfermo, amigo. Me duele la cabeza y tengo calentura —le dijo un día Miguel al regresar. El perro se sintió triste. Siguió al amo hasta la choza donde, al llegar, se tiró en el camastro. Pasó la noche delirando por la fiebre. El perro no se despegó ni un momento de su lado,[7] le lamía las manos y la frente en un intento por refrescarlo del calor febril. Así estuvo dos días. Y durante ese tiempo el perro no lo abandonó ni para comer.

Al tercer día la fiebre cedió y Miguel fue recuperando poco a poco hasta que todo volvió a la normalidad.

Un día varios meses más tarde, el mar amaneció muy borrascoso.[8] El cielo estaba nublado y soplaba una brisa fuerte. Parecía indicar tormenta. Miguel sabía que no era un buen día para salir al mar. Pero pensó que si no pescaba no comerían ni él ni el perro. Sus provisiones se habían terminado el día anterior, los peces no habían picado,[9] y no había conseguido dinero. Tenía que trabajar; además él era valiente y hábil con el bote.

El perro se mostraba inquieto.

—No te preocupes, amigo. Regresaré tan pronto pesque lo suficiente para que podamos comer —le dijo Miguel, tratando de calmar al preocupado animal.

El perro miraba desde la orilla como el amo se alejaba en el mar. Allí permaneció hasta que el bote se perdió en la distancia. Se sentó en la playa a esperar el regreso. Estuvo todo el día mirando hacia el mismo punto en lontananza.[10] Se sentía triste. El mar se embravecía[11] más a medida que[12] se acercaba la tormenta. Ni la fuerte lluvia, ni el fuerte viento, ni el frío, ni el

---

[7]**no se despegó... lado** never left his side   [8]**el mar... borrascoso** the day dawned with a stormy sea   [9]**los peces no habían picado** the fish hadn't bitten   [10]**en lontananza** far away   [11]**se embravecía** was becoming stormy   [12]**a medida que** as

hambre lograron que el perro abandonara la playa. Esperaba a su amo, a su amigo. Esperó todo el día, toda la noche, todo el día siguiente. Nunca perdió la esperanza de volver a ver a su amo.

Miguel no regresó; se quedó en el mar. El perro no abandonó la playa. Todavía puede verse sentado mirando al mar. La noche lo volvió[13] piedra.

EJERCICIOS

A. Conteste con una oración completa.

1. ¿A qué hora salían los pescadores?
2. ¿Qué día era sagrado?
3. ¿Con quién salía Miguel a pescar?
4. ¿Por dónde le gustaba a Miguel salir al mar?
5. ¿Por qué le gustaba ese punto a Miguel?
6. ¿Cuántos pescadores usaban ese lugar?
7. ¿Adónde iba el perro todas las mañanas?
8. ¿Quién le esperaba a Miguel cuando regresaba del mar?
9. ¿Dónde dormía el perro?
10. ¿Qué enfermedad le dio a Miguel?
11. ¿Cuántos días estuvo enfermo?
12. Durante ese tiempo, ¿qué hizo el perro?
13. ¿Por qué salió Miguel un día de tormenta?
14. ¿Cómo se sentía el perro?
15. ¿Qué le pasó al perro cuando Miguel no regresó?

---

[13]**lo volvió** turned him into

B. **Añada la palabra más apropiada para terminar las siguientes oraciones.**

1. Este relato sucedió en la ciudad de _____.

2. Miguel vivía en una _____.

3. Su esposa fallecida se llamaba _____.

4. Miguel era _____.

5. Hoy fue un día bueno porque había mucha _____.

6. El hombre y la bestia se _____.

7. El perro le _____ las manos y la frente.

8. Al tercer día la fiebre _____.

9. Todo volvió a la _____.

10. Si no pescara, no podrían _____.

11. Miguel trató de _____ al preocupado animal.

12. Miguel se quedó en el _____.

13. El perro no abandonó la _____.

14. No perdió la _____ de ver a su amo.

15. La noche lo convirtió en _____.

C. **Subraye las palabras que describen al perro.**

feroz	buen amigo	obediente
leal	inteligente	
salvaje	manso	

Subraye las palabras que describen a Miguel.

bondadoso	humilde	burlón
feliz	orgulloso	
rico	valiente	

D. Sustituya las palabras en letra cursiva con sinónimos de la siguiente lista. Cambie los verbos, nombres y adjetivos a la forma apropiada cuando sea necesario. Es posible usar una palabra más de una vez.

disfrutar	permanecer	despegar
morir	conversar	tempestad
volver	abandonar	fiebre

1. Se acercaba la *tormenta*.

2. Su esposa acaba de *fallecer*.

3. *Gozan* de paz y tranquilidad.

4. Tenía mucha *calentura*.

5. La noche lo *convirtió en* piedra.

6. El perro *se quedó* en la playa.

7. El perro no lo *dejó* ni para comer.

8. Miguel no *regresó*.

9. *Hablaba* con el perro.

10. El perro no se *separó* de su lado.

E. **Tema para discusión en clase o para composición escrita:**

¿En qué otros relatos de este libro han aparecido perros? ¿Se presentan como amigos o enemigos?

Te quiero más que a mi vida,
más que a mi padre y mi madre,
y si no fuera pecado, más
que a la Virgen del Carmen.

Y*a hemos dicho que Guayama se conoce como la Ciudad Bruja. El licenciado Adolfo Porrata Doria, un guayamés que investigó a fondo la historia de su pueblo natal, escribió lo siguiente sobre el origen de este mote[1] en el libro* Guayama: Sus hombres y sus instituciones.

Hemos leído crónicas, documentos, periódicos, revistas y cuanta información que hemos podido localizar sobre nuestra ciudad y en ningún momento antes de la primera década del siglo XX hemos podido lograr dato alguno que tilde[2] o identifique a ésta como la Ciudad Bruja. Desde hace más de treinta años hemos venido haciéndonos las siguientes preguntas: ¿Desde cuándo se ha venido llamando a Guayama[3] la "Ciudad Bruja" y por qué? Hemos hablado con buen número de personas nacidas aquí en la última mitad del siglo XIX y ninguna recuerda haber oído hablar de este onomástico aplicado a nuestro pueblo. Sí recuerdan que los hechiceros o llamados[4] curanderos de este lugar eran bien afamados y populares en toda esta jurisdicción.

---

[1]**mote** nickname   [2]**tilde** labels   [3]**ha venido… Guayama** has Guayama been called
[4]**llamados** so-called

Hasta donde[5] hemos podido averiguar, no fue hasta la década del 20 del siglo XX cuando el mote "Ciudad Bruja" comenzó a tomar auge.[6] Nuestros equipos de béisbol lidiaban[7] con otros de distintos pueblos. Cuando nos visitaban, la fanaticada de Guayama solía llevar al parque[8] algunas velas prendidas y hojas o matas de una planta leguminosa que abunda en este litoral llamada, por el vulgo, *bruja*. La idea era impresionar al adversario de nuestra influencia divina y, al mismo tiempo, rogar protección y amparo para el jugador local. Fuimos testigos[9] de estos espectáculos cuando las hojas o matas de *bruja* eran colgadas en los postes y alambres[10] del parque de pelota y se hacía alarde del[11] poder de éstas. Como esta planta generalmente se nutre de la humedad en el aire, se conserva viva por algún tiempo. Se amenazaba a los rivales con influencias hechiceras. Todo era un pasatiempo y hasta un ardid.[12] Que sepamos,[13] desde entonces fue que surgió este apelativo aplicado a Guayama. Se ha pegado,[14] como mote, al nativo de este pueblo y hoy lo lleva con relativo orgullo.

Vamos a narrar un incidente que ocurrió allá para la temporada de béisbol de 1939–40. El equipo de Guayama jugaba con el de Ponce en nuestro parque. El lanzador[15] de los locales era el famoso y extraordinario Leroy (Satchel) Paige, gloria del béisbol americano. La pizarra marcaba seis a cero, a favor de Guayama en la quinta entrada.[16] Paige siempre era muy supersticioso y creía en las influencias espiritualistas. Se bañaba frecuentemente con plantas aromáticas y se hacía dar "pases".[17] Ese día estaba como en sus mejores tiempos. No le habían dado un solo "hit". Alguien de Ponce que conocía lo supersticioso que era él,[18] se le acercó al terminar la quinta entrada y, tras felicitarlo, le dijo que parado[19] cerca del cajón del lanzador[20] había estado viendo al difunto *Moncho el Brujo*[21] cuando Paige

---

[5]**hasta donde** as far as   [6]**tomar auge** become popular   [7]**lidiaban** competed   [8]**parque** baseball park   [9]**testigos** witnesses   [10]**alambres** wire fences   [11]**se hacía alarde del** there was bragging about   [12]**ardid** trickery   [13]**que sepamos** as far as we know   [14]**se ha pegado** it has stuck   [15]**lanzador** pitcher   [16]**entrada** inning   [17]**se hacía dar "pases"** a massage with special movements designed to ward off evil spirits.   [18]**lo supersticioso... él** how superstitious he was   [19]**parado** standing   [20]**cajón del lanzador** pitcher's mound   [21]**Moncho el Brujo** an outstanding semi-professional baseball player who had played on the Guayama team

hacía sus lanzamientos. Paige se quedó mudo; no pronunció palabra alguna, ni hizo gesto alguno. Se metió en el cuarto de las duchas,[22] se vistió y se fue para su casa. No hubo medios de hacerle variar de actitud. No daba razones. Sólo decía que no quería continuar jugando. Guayama perdió el partido.

Ejercicios

A. Contesta con una oración completa.

1. ¿De dónde es el autor de este relato?
2. ¿Con quiénes ha hablado?
3. ¿Qué es lo que ninguno recuerda?
4. ¿Qué es lo que sí recuerdan?
5. ¿Cuándo comenzó a ser popular el mote "Ciudad Bruja"?
6. ¿Qué solían llevar al parque de pelota los fanáticos de Guayama? ¿Por qué?
7. ¿De qué se hacía alarde?
8. ¿Cómo se siente el nativo de Guayama en cuanto al mote "Ciudad Bruja"?
9. ¿Con quién jugaba el equipo de Guayama?
10. ¿Quién lanzaba para Guayama?
11. ¿Qué marcaba la pizarra al terminar la quinta entrada?
12. ¿En qué creía Paige?
13. ¿Quién se le acercó al terminar la quinta entrada?
14. ¿Qué le dijo?

---

[22]**duchas** showers

15. ¿Dónde estaba parado "Moncho el Brujo"?

16. ¿Qué le contestó Paige?

17. ¿Adónde fue?

18. ¿Qué explicación dio?

19. ¿Cuál de los equipos perdió?

20. ¿Cuándo ocurrió el partido?

B. Añada la palabra más apropiada para terminar las siguientes oraciones.

1. Hemos _____ mucha información sobre la ciudad.

2. Se llama así desde la primera _____ del siglo XX.

3. Los curanderos de esta ciudad son _____ en toda esta jurisdicción.

4. Los equipos de _____ jugaban con los de otros pueblos.

5. Querían _____ al adversario.

6. Rogaban _____ para el jugador local.

7. La planta se nutre de la _____ en el aire.

8. Amenazan a los _____ con influencias hechiceras.

9. Fue entonces que _____ este apelativo.

10. Hoy el nativo de Guayama lleva este mote con _____.

11. El otro equipo venía de _____.

12. _____ estaba ganando hasta la quinta entrada.

13. Paige estaba como en sus mejores _____.

14. No pudieron hacerle _____ de actitud.

15. Por eso Guayama _____ el partido.

C. Sustituya las palabras en letra cursiva con sinónimos de la siguiente lista. Cambie los verbos, nombres y adjetivos a la forma apropiada cuando sea necesario.

lavar	recordar	adversario
rogar	continuar	medio
soler	cambiar	
diferente	mudo	

1. *Tenían la costumbre de* llevar velas prendidas.

2. Ellos *se acuerdan de* aquellos tiempos.

3. Paige se quedó *callado*.

4. Venían de *distintos* pueblos.

5. No hubo *manera* de hacerle *variar* de actitud.

6. No quería *seguir* jugando.

7. Amenazan a sus *rivales*.

8. *Pidió* protección para el jugador local.

9. Se *bañaba* con plantas aromáticas.

D. Tema para discusión en clase o para composición escrita:

Comente cómo algunos de los personajes de este libro fueron víctimas de supersticiones, o bien cómo utilizaron las supersticiones o ideas falsas de otros en beneficio propio. Considere, por ejemplo, el caso de los indios taínos (*La muerte de Salcedo*), de Carabalí y del guardia de *La garita del diablo*.

> Paloma, dame la mano
> para subir a tu nido,
> que me han dicho que estás sola
> y a acompañarte he venido.

13 | El pozo milagroso

n los países donde mucha gente es católica,
se conoce el fenómeno de las apariciones de la
Virgen. A veces tales apariciones están vinculadas[1]

a un manantial,[2] cuyas
aguas luego supuestamente
poseen poderes curativos.
Es bastante común,
también, que los niños,
cuya fe puede ser más
sencilla y pura, sean los
primeros o los únicos en ver
la aparición.

Es un día de fiesta caluroso de verano en este lugar cerca del pueblo de Sábana Grande en el suroeste de Puerto Rico, donde apareció la Virgen en 1953. Hay mucha gente. Por una gruta encerrada por una construcción de concreto, se encuentran cantidades de muletas[3] de personas antes cojas[4] que juran haberse curado con el agua que sale del pozo.[5] Y en las paredes se ven cartas que también son testimonio de estos milagros.

La gente hace fila ahora para recoger el agua milagrosa. Se usa toda clase de recipientes. Más comunes son los de plástico: antiguos envases de aceite de cocina, de líquido para limpiar, o de líquido para "darle nueva vida" a la batería del automóvil. Pero también se ven muchos botellones grandes, termos, e in-

---

[1]**vinculadas** tied, linked   [2]**manantial** spring, source   [3]**muletas** crutches   [4]**cojas** lame
[5]**pozo** well

clusive una linda botella verde, envase de una ginebra muy fina, llamada ahora a servir más nobles propósitos.

Hay dos rótulos que llaman la atención junto al pozo. En uno se lee: "Éste no es un sitio de recreo. Éste es un sitio de devoción". Porque la verdad es que, aparte de su significado sagrado, el lugar es fresco y agradable. El otro: "No permita a sus niños tirar cáscaras[6] de mango al piso. Evite caída". Los que no conocen el sabroso mango de Puerto Rico deben saber que su cáscara es tan resbaladiza[7] como la de la banana. Claro que el agua del pozo cura las heridas de los que se caen, pero no hay que tentar a Dios. Más vale prevenir que curar.

Un señor vestido de un flamante[8] traje rojo ha traído un grupo de fieles en guagua[9] desde Ponce. Delante de una imagen de la Virgen, les dirige en cánticos. Su grupo atrae más gente. Viéndose rodeado de otros que no formaban parte de su grupo original, proclama su profesión de curandero y contesta preguntas. —Pero no ayudo a los machos que sólo quieren conquistar muchachas. No, señora, no. No soy espiritista. Soy católico.

Se ven por los alrededores muchas palomas que arrullan[10] con su suave canto, y para las cuales se han construido casitas especiales. Hay una capilla donde se celebra misa los domingos a las tres de la tarde y una tiendita donde se venden refrescos y recuerdos.[11]

* * *

Era una tarde de abril del año 1953. En la pequeña escuela rural, Lola Rodríguez de Tió, cerca del pueblo de Sábana Grande, los niños se veían excitados, alborotados, en vez de mostrarse cansados por las actividades del día.

—Pero Ángel, ¿cómo es que tú puedes decir que viste a la Virgen junto al pozo?

—Es cierto, señorita. ¡Yo la vi! Y me dijo que iba a bendecir el agua del pozo para curar las enfermedades.

---

[6]**cáscaras** peels   [7]**resbaladiza** slippery   [8]**flamante** brand new   [9]**guagua** bus
[10]**arrullan** lull   [11]**recuerdos** souvenirs

—¡Vamos al pozo! ¡Vamos a ver a la Virgen! —gritaron otros niños.

Durante un momento la maestra consideró la posibilidad de castigar a Ángel y a otros niños que se habían dejado llevar[12] por el alboroto[13] de éste. Pero luego cambió de opinión. Pocas cosas sucedían para aliviar el tedio de las tardes en una escuelita rural. Así que, picada ella misma por la curiosidad, por fin dijo:

—Está bien, niños. Pueden ir. Pero no se demoren.[14] Regresen en seguida.

Llegando al pozo después que los niños, la maestra no vio nada de extraordinario. Quedó impresionada por la actitud de los niños, algunos de los cuales parecían casi hipnotizados, con la mirada fija en el pozo. Era inútil tratar de reanudar las clases. Así que, un poco más temprano que de costumbre, se enviaron a los niños a sus casas.

No tardó en difundirse la noticia por el pueblo. Los niños llegaron a ser centro de atracción del momento. El párroco[15] de la iglesia de Sábana Grande no sabía qué pensar. No quería aceptar sin mayores pruebas lo que los niños afirmaron, pero por otra parte, no quería por actitud incrédula destrozar la fe sencilla de la gente.

Con cada día que pasaba aumentaba la cantidad de gente que visitaba el pozo; algunos empujados por mera curiosidad, mientras que otros que estaban enfermos esperaban que el agua del pozo les sanara. Y de estos últimos surgieron[16] las primeras noticias de curaciones milagrosas.

Surgieron a la vez nuevas noticias de los niños de la escuelita. Varios afirmaron haber visto a la Virgen otra vez. Ella les había dicho que aparecería nuevamente el 25 de mayo a las once de la mañana y que, a la vista de todos, se haría[17] un nuevo milagro.

Las agencias noticiosas desde luego se interesaron en el asunto. Una de las estaciones de radio más grandes de San Juan

---

[12]**se habían dejado llevar** had let themselves get carried away   [13]**alboroto** disturbance
[14]**no se demoren** don't stay long   [15]**párroco** parish priest   [16]**surgieron** arose
[17]**se haría** there would be performed

mandó instalar equipo cerca del pozo, y mandó a un reportero para averiguar lo que había de cierto[18] en todo eso. El testimonio de este reportero puede leerse ahora pegado a la pared junto a las otras cartas y a las muletas y otros artefactos de enfermos y cojos curados por el agua del pozo.

Era la víspera del 25 de mayo,[19] y de todas partes llegaba gente. Se acamparon al aire libre para poder estar cerca del pozo. Al amanecer del 25, todas las lomas vecinas estaban llenas de gente. Cada uno quería acercarse lo más posible. Sin embargo, todos estaban dispuestos a ceder su lugar para que los enfermos y cojos pudieran llegar al borde del pozo.

La gente esperaba. Eran casi las once de la mañana. De repente una densa nube rodeó el pozo. Los que estaban más cerca del pozo pudieron ver aparecer entre la nube la figura de la Virgen, la que después ha venido a llamarse "La Virgen del Rosario". Entre los que estaban más cerca, se encontraban una señora coja que sólo podía caminar valiéndose de[20] unos pesados aparatos ortopédicos, y uno de los niños de la escuelita. El niño le dijo:

—Señora, puede usted quitarse esos ganchos.[21] Ya no los necesita. La Virgen dice que usted está ya curada.

La señora hizo lo que el niño le había dicho, encontrando, para su inmenso alivio, que podía moverse libremente. Después, arrodillándose junto a los otros, dio gracias a la Virgen por el milagro.

Y todavía hoy la gente viene para llenar toda clase de recipientes con el agua milagrosa. Y siguen acumulándose muletas que ya no necesitan.

---

[18]**lo que... cierto** how much was true   [19]**víspera del 25 de mayo** the evening before the 25th of May   [20]**valiéndose de** by using   [21]**ganchos** hooks (braces)

EJERCICIOS

A. Conteste con una oración completa.

1. ¿Cómo se veían los niños en la escuela?
2. ¿Qué le dijo la Virgen a Ángel?
3. ¿Adónde querían ir los niños?
4. ¿Por qué no castigó la maestra a los niños?
5. ¿Por qué quedó impresionada la maestra?
6. ¿Por qué iba la gente al pozo?
7. ¿Qué les prometió la Virgen a los niños?
8. ¿Quién llegó de San Juan?
9. ¿Quiénes se acamparon al aire libre?
10. ¿Qué vieron a las once de la mañana?
11. ¿Quién fue curado?
12. ¿Qué hizo después?
13. ¿Para qué hace fila la gente ahora?
14. ¿Qué se ve en las paredes?
15. ¿Qué se ve por los alrededores?

B. Añada la palabra más apropiada para terminar las siguientes oraciones.

1. Las cartas también dan testimonio de los _____.
2. Los _____ de plástico son comunes.
3. Hay dos _____ junto al pozo.
4. El lugar es _____ y agradable.
5. La cáscara de mango es muy _____.
6. Más vale _____ que curar.

7. El señor vino en guagua desde _____.

8. Dice que no es _____.

9. Se han construido casitas especiales para las _____.

10. Se celebra _____ a las tres de la tarde.

11. En la tienda venden _____.

12. El pozo está cerca de una pequeña _____.

13. La estación de radio mandó instalar _____ cerca del pozo.

14. Los cojos dejaron sus _____ porque ya no las necesitaban.

15. La señora se _____ para dar gracias a la Virgen.

C. **Sustituya las palabras en letra cursiva con sinónimos de la siguiente lista. Cambie los verbos, nombres y adjetivos a la forma apropiada cuando sea necesario.**

verse	curar	víspera
usar	reanudar	nuevamente
demorar	afirmar	
aparte	verdad	

1. Tenía que *valerse de* muletas para caminar.

2. Los niños no *se mostraban* cansados.

3. No *tardaron* mucho.

4. Les había dicho que aparecería *otra vez* el 25 de mayo.

5. Los enfermos se *sanaron* con el agua.

6. Llegaba gente de todas partes la *noche antes* del 25 de mayo.

7. No pudo *volver a comenzar* las clases.

8. Quería averiguar lo que había de *cierto* en todo eso.

9. *Declaran* que han visto a la Virgen.

10. *Además* de su significado sagrado, es un lugar interesante.

D. Tema para discusión en clase o para composición escrita:

Comente sobre el poder de la fe. Si fuera usted médico o médica, ¿recomendaría a sus pacientes tomar el agua del pozo?

Suspiros que de mí salen
y otros que de ti saldrán,
si en el camino se encuentran,
¡qué de cosas se dirán!

14 | La Aparecida

*L*os que viven en Bajo de Patillas, un barrio rural cerca del pueblo de Patillas, aseguran que lo que vamos a contar es cierto. Uno de los autores ha entrevistado[1] a estudiantes que dicen haber visto a la Aparecida. Todavía no nos hemos atrevido a ir de noche al lugar para comprobar la aparición.

—¿Me puedes llevar hasta el pueblo? Tengo que ir a la iglesia.

La que así hablaba era una joven que no pasaba de los 25 años, de tez blanca y de pelo negro y largo que llevaba suelto. Se vestía de un traje sencillo un poco pasado de moda. Estaba de pie a la orilla de la carretera que lleva al pueblo. Le había hecho señas a un automóvil que pasaba.

El conductor,[2] un hombre de unos 30 años, al ver a una mujer sola en la carretera y de noche, se detuvo[3] sorprendido. Pensó primero que se trataba de alguna emergencia.

—Con mucho gusto, señorita. Suba.

La joven subió al automóvil.

El conductor trató de entablar una conversación con ella:

—¿Le sucede algo grave, señorita?

—Tengo que ir a la iglesia —contestó.

---

[1] **entrevistado** interviewed   [2] **conductor** driver   [3] **se detuvo** stopped

—¿Se está muriendo algún familiar y va a buscar al cura? ¿O necesita un médico? Yo la puedo ayudar con mucho gusto.

—Tengo que ir a la iglesia —repitió.

El conductor, al darse cuenta de que no existía una emergencia, pensó que se le presentaba una excelente oportunidad para pasar un rato agradable con aquella joven. Inmediatamente comenzó a usar sus tácticas de conquista, seguro de que no le fallarían.[4]

—¿Cómo te llamas?

—Rosa.

—Rosita, un nombre que va muy bien contigo que eres tan hermosa como una flor. ¿Qué hace una joven tan bonita como tú sola a esta hora de la noche?

La joven no respondió.

—Estás sola porque quieres, ya que debes tener muchos pretendientes. Me llamo José y me gustaría hablar un rato contigo. ¿Quieres tomarte algo? Podemos ir a un sitio cerca que yo conozco.

La joven no contestó.

José pensó que ella estaba tratando de pasar por misteriosa e interesante. Esta actitud lo animó a continuar con la conquista. Puso su mano sobre la de Rosa. Notó la mano de ella un poco fría. "Será el fresco de la noche", pensó.

La joven no retiró[5] la mano.

—Tengo que ir a la iglesia —repitió.

—Mira, yo te llevo a la iglesia; tú haces lo que vas a hacer; yo te espero, y luego tú me complaces y me acompañas a tomar un refresco. ¿Qué dices?

La joven no respondió.

José supuso que como "el que calla otorga",[6] Rosa había accedido. Mentalmente ya estaba besando la apetitosa boca de Rosita. Prosiguió camino al pueblo, hablando contento. Rosa iba mirando hacia adelante, silenciosa, como absorta en sus pensamientos. Se dejaba acariciar[7] la mano. Al llegar al pueblo y

---

[4]**fallarían** would fail [5]**retiró** take away, withdraw [6]**el que calla otorga** Spanish proverb: he who remains silent gives consent [7]**acariciar** to caress

acercarse a la iglesia, José disminuyó la marcha del vehículo y, mirando románticamente a Rosita, le recordaba que la esperaría a la puerta de la iglesia. De pronto la joven desapareció ante sus ojos. José enmudeció.[8] Detuvo el automóvil y salió buscando a Rosa. Pensó que se había abierto accidentalmente la puerta y ella había caído, golpeándose. Buscó por todas partes, dentro y fuera del automóvil; la llamó; buscó en los alrededores. Nada. Rosa había desaparecido. Fue hacia la iglesia. Estaba cerrada y no se veía a nadie en las cercanías.

—¿Dónde estará? —se preguntó José—. No lo entiendo.

Miraba a todos lados buscando a Rosa. De pronto vio una figura blanca que salía de la iglesia atravesando[9] la enorme puerta de madera que estaba cerrada. No creía lo que sus ojos veían. Se fijó bien y comprobó que era Rosa y que iba caminando hacia el campo sin tocar el suelo.

El terror se apoderó de[10] José. Por unos momentos se paralizó. Quiso gritar pero no salía sonido alguno de su garganta. Quiso correr pero los pies no se movían. Cuando Rosa desapareció de su vista, José logró reponerse[11] y corrió gritando como un loco.

—¡Ay! ¡Ay! ¡Un espíritu, un espíritu! ¡Hablé con un espíritu! ¡Toqué a un espíritu!

Dos días más tarde, José despertó en el hospital. Había sufrido de fiebres altas, convulsiones y escalofríos[12] provocados por el terror. Unos policías lo habían encontrado corriendo y gritando por las calles del pueblo. Lo llevaron al hospital y por lo que balbuceaba en su delirio,[13] comprendieron lo que le había sucedido a José. Fue víctima de la Aparecida.

Así llamaban a ese espíritu que aparecía algunas noches por la carretera pidiendo pon[14] para llegar a la iglesia católica del pueblo. Explicaron a José que Rosa había sido atropellada[15] por un automóvil en ese mismo lugar de la carretera en que él la

---

[8]**enmudeció** became silent   [9]**atravesando** passing through   [10]**se apoderó de** took possession of   [11]**reponerse** to collect himself   [12]**escalofríos** chills   [13]**por... delirio** from the words that he stuttered out while delirious   [14]**pon** ride (Puerto Rican popular usage)   [15]**atropellada** run over

había encontrado. Había sucedido la noche antes del día de su boda. Se dirigía a la iglesia donde la esperaba el novio para el ensayo de la ceremonia. Desde entonces, de vez en cuando vuelve Rosa del mundo espiritual para cumplir con el compromiso al que no pudo asistir. Los conductores que conocen la historia no se detienen cuando una mujer les pide pon.

Y José jamás ha vuelto a pasar por esa carretera ni de día ni de noche, ni a darle pon a mujeres, ni jóvenes ni viejas.

Canto de la Aparecida

I

A este pueblo triste
de calles áridas[16]
y hermosas playas
he venido a pensar en ti.

II

A pensar que en los días idos,
en los días aquellos
en que fui tuya
y me arrullé en tus brazos.

III

A pensar en esos días que fueron
tan hermosos como estas playas;
Y pensar en estos días que son…
tan áridos como estas calles.

Adela Martínez-Santiago

---

[16]**áridas** barren

EJERCICIOS

A. Conteste con una oración completa.

1. ¿Cuándo encontró José a Rosa?
2. ¿Quién la acompañaba?
3. ¿Adónde quería ir ella?
4. ¿Qué fue lo primero que pensó José cuando la recogió?
5. ¿Qué pensó luego?
6. ¿Adónde invitó a Rosa? ¿Para qué?
7. ¿Cómo estaba vestida Rosa?
8. ¿Qué supuso José cuando Rosa no le respondió?
9. Cuando Rosa desapareció, ¿qué hizo José?
10. ¿Hacia dónde iba Rosa cuando José la vio por última vez?
11. ¿Por qué se apoderó de José el terror?
12. ¿Adónde lo tuvieron que llevar?
13. ¿Qué le explicaron a José?
14. ¿Cuándo sucedió el accidente de Rosa?
15. ¿Para qué vuelve de vez en cuando del mundo espiritual?

B. ¿Son ciertas o falsas las siguientes oraciones? Si son falsas, cámbielas de manera que queden correctas.

1. José tenía unos 30 años.
2. Rosa era de tez blanca y de pelo corto.
3. José atropelló a Rosa.
4. José quería llevar a Rosa al hospital.
5. Rosa murió de amor.
6. Rosa se dejó acariciar la mano.

7. José se despertó en su casa.

8. Rosa murió el día de su boda.

9. El novio la esperaba para el ensayo de la ceremonia.

10. El "Canto de la Aparecida" podría ser dedicado a José.

C. Usando cinco adjetivos, describa el estado físico y emocional de José al darse cuenta de que había llevado en su automóvil a un espíritu.

D. Describa en una o dos oraciones cómo se sentiría usted si se encontrara con la Aparecida.

E. Sustituya las palabras en letra cursiva con sinónimos de la siguiente lista. Cambie los verbos, nombres y adjetivos a la forma apropiada cuando sea necesario.

fijarse	responder	de repente
haber	repetir	inmediatamente
entablar	emergencia	
misterioso	a veces	

1. El conductor trató de *iniciar* una conversación con ella.

2. *En seguida* comenzó a usar sus tácticas de conquista.

3. Se dio cuenta de que no *existía* una emergencia.

4. *Miró* bien y comprobó que era Rosa.

5. La joven no *contestó*.

6. *Dijo otra vez* que tenía que ir a la iglesia.

7. Ya sabía que ella era una muchacha *extraña*.

8. No se trata de una *situación grave*.

9. *De pronto* desapareció ante sus ojos.

10. *De vez en cuando* vuelve del mundo espiritual.

F. Tema para discusión en clase o para composición escrita:

Comente sobre historias de fantasmas. Relate o escriba su historia favorita de fantasmas. ¿Será cierto que los espíritus de los muertos puedan visitar este mundo?

G. Adivinanza

Quien la hace no la usa,
quien la usa no la ve,
quien la ve no la desea
por bonita que le esté.

¿Qué es?

Sin luz no existe el color,
sin el aire no hay sonido,
y en mí no existiera amor
si tú no hubieras venido.

(el ataúd)

15 | Seres extraterrestres

𝓔n Puerto Rico existe gran interés en los platillos voladores[1] y en seres de otros planetas no sólo por los sucesos que narramos aquí sino porque éstos han sido objeto de estudio de dos programas de índole[2] documental: uno presentado por televisión, el Canal dos de Telemundo, por el conocido productor y publicista Jorge Marquina; el otro, un documental titulado "Los ovnis —objetos voladores no identificados— la gran incógnita[3] de este siglo" fue una producción del Departamento de Noticias de la Gran Cadena (WQBS), presentado por radio el 27 de julio de 1975. Es de este último programa, con libreto y narración de José Antonio Ayala y basado exclusivamente en sucesos ocurridos en Puerto Rico, que hemos tomado los incidentes que presentamos a continuación. Vale la pena agregar[4] que el último incidente, el de San Germán, acaparó los titulares[5] de El Mundo, periódico de mayor circulación en Puerto Rico. Los del 30 de abril rezaban así: "Docenas de Residentes Barrio en San Germán Aseguran Haber Visto Extraño Objeto Volador".

---

[1]**platillos voladores** flying saucers   [2]**índole** kind, type   [3]**la gran incógnita** the great mystery   [4]**agregar** to add   [5]**acaparó los titulares** monopolized the headlines

En una estación de radio localizada en el último piso de un edificio de San Juan, Willie López realizaba sus labores de *disc jockey* la noche del 6 de abril de 1975. Eran las once menos cuarto. De repente sintió que algo o alguien tocaba el cristal del control[6] tres veces. Tocaba por el lado de la terraza del *penthouse* donde estaba ubicada[7] la emisora, donde no había ninguna entrada. Willie no podía explicarse cómo podía haber alguien por el lado de la terraza, pero a través del cristal creyó ver luces. Cerró con rapidez la cortina y, creyendo que iba a ser víctima de un asalto, llamó a un compañero de labores que prometió acudir aunque tomó la cosa a chiste.[8] A los cinco minutos, dominado por la curiosidad, abrió un poquito la cortina y vio lo que aseguró era "un tremendo platillo volador", cerniéndose[9] en el aire a una distancia de menos de veinte metros, que despedía una luz brillante. Asustadísimo, Willie cerró nuevamente la cortina y volvió a llamar a su compañero de labores, que aún no había salido.

Cuando llegó su compañero a la emisora, él y Willie salieron a la terraza para investigar. Ya no vieron nada, pero notaron que estaba muy caliente el piso donde Willie había visto la primera aparición. Por lo extraño del incidente, no quisieron comentar el suceso con nadie y Willie reanudó sus labores. Sin embargo dos noches después, el 8 de abril, sintió algo, como que "se iba a caer la estación" en sus propias palabras, y la estación dejó de transmitir, aunque Willie no vio nada. Pero la luz no se fue de la estación y Willie siguió trabajando hasta completar su turno aunque después, por su estado de nervios, tuvo que tomar sedantes.

A invitación de la Gran Cadena (WQBS), la defensa civil[10] fue invitada a hacer una prueba con un contador Geiger[11] para determinar si había radiación en la azotea[12] del edificio donde se halla la emisora. Los resultados nunca se dieron a conocer.[13]

Esa misma noche en que Willie López sintió estremecerse[14]

---

[6]**cristal del control** control booth window   [7]**ubicada** located   [8]**tomó... chiste** he took it as a joke   [9]**cerniéndose** hovering   [10]**defensa civil** Department of Civil Defense   [11]**contador Geiger** device for measuring radioactivity   [12]**azotea** roof   [13]**nunca... conocer** were never made known   [14]**estremecerse** to shake

la estación de radio donde trabajaba, sucedieron en Puerto Rico muchos otros fenómenos que no podían explicarse fácilmente. Era la noche del 8 de abril, en que mucha gente estaba en casa mirando televisión, pues se presentaba el programa especial de la entrega de los Oscars.

Y hubo un mini-apagón[15] a lo largo de todo Puerto Rico, manifestándose a veces por un simple parpadeo[16] en el sistema eléctrico y, a veces, por la oscuridad total. En el barrio de Guaynabo, dos jóvenes presenciaron el descenso de un objeto brillante y redondo sobre una arboleda. Sintieron una explosión y al mismo tiempo se fue la luz. Y lo más raro fue que no sólo falló el sistema eléctrico en las casas, sino que las baterías de los automóviles dejaron de funcionar. Era tan intenso el calor en el lugar de contacto que se pusieron al rojo vivo[17] las piedras. Un periodista que se trasladó al lugar al siguiente día encontró que todavía salía humo del sitio y que los árboles estaban completamente quemados. Se llevó algunas de las piedras, todavía tan calientes que incendiaron una bolsa de papel y tuvieron que cargarse en una lata[18] de galletas.

Otro que relató sucesos extraños la noche del 8 de abril fue Reynaldo Vivo, que como tantos otros miraba un programa de televisión a las 10:40 en su apartamento del área del Condado de Santurce,[19] cuando notó que toda el área se iluminó como por efecto de una explosión producida por un corto circuito. No pudo percatarse de[20] la fuente de la iluminación por los cristales opacos del apartamento. Cuando miró para afuera, se dio cuenta de que no había luz en todo el sector, menos en el mismo apartamento donde vivía. Increíblemente, a pesar del apagón, había luz en su apartamento y seguía prendido el televisor, aunque no proyectaba ninguna imagen.

Vemos, pues, que el 8 de abril fue un día muy interesante en Puerto Rico. Pero no terminó todo entonces. Diecinueve días más tarde, ocurrió algo muy extraño en una casa de campo cerca de San Germán, en el suroeste de la Isla. Allí, por la ma-

---

[15]**mini-apagón** small blackout   [16]**parpadeo** blinking   [17]**se pusieron... vivo** became red hot   [18]**lata** can   [19]**Condado de Santurce** well-to-do section of San Juan next to the sea where a number of large tourist hotels are located   [20]**percatarse** to notice

drugada del 29 de abril, a eso de las 3:45, se posó[21] sobre una pequeña estructura de madera y zinc un extraño objeto volador que giraba lanzando destellos tan brillantes que[22] no se podía ver con claridad su forma, aunque lo vieron no sólo los miembros de la familia sino también varios vecinos del lugar. Luego de posarse sobre la pequeña casita, e incendiarla de manera que luego quedó parcialmente destruida, se fue alejando el objeto.

Hace 500 años que los taínos vieron llegar a Puerto Rico a los primeros españoles. Los recibieron con felicidad y con esperanza. Fueron cruelmente decepcionados.

Hoy los habitantes de Puerto Rico ven llegar a seres del espacio cuyo lugar de origen les es igualmente desconocido. Pero a diferencia de los taínos, los ven llegar con miedo, incredulidad y asombro. Y es posible que esta reacción sea tan equivocada como lo fue la de los taínos hace 500 años.

Nadie sabe. Los taínos no hubieran podido[23] predecir los cambios, tan desafortunados para ellos, que iban a ocurrir en Puerto Rico.

Y nosotros no podemos predecir lo que pasará en la Isla, ni en el mundo del cual forma una pequeña parte, en los próximos 500 años. Pero sabemos que sobrepasará lo imaginado[24] por la mente del ser humano.

Habrá mucho material para futuras leyendas.

Veremos.

---

[21]**se posó** came to rest   [22]**giraba... que** sparkled so brightly while it was spinning that . . .   [23]**no hubieran podido** would not have been able to   [24]**sobrepasará lo imaginado** it will surpass all that can be imagined

EJERCICIOS

A. Conteste con una oración completa.

1. ¿Qué significa *ovni*?
2. ¿Dónde estaba Willie López la noche del 6 de abril de 1975?
3. ¿A quién llamó Willie?
4. ¿Qué vio cuando abrió la cortina?
5. ¿Qué vieron Willie y su compañero cuando salieron a la terraza?
6. ¿Qué notaron?
7. ¿Qué le pasó a Willie dos noches después?
8. ¿Qué tuvo que hacer después?
9. ¿Por qué se hizo una prueba con un contador Geiger?
10. ¿Qué programa se estaba presentando la noche del 8 de abril de 1975?
11. ¿Qué hubo a lo largo de todo Puerto Rico esa noche?
12. ¿Quiénes presenciaron el descenso de un objeto brillante? ¿Dónde?
13. ¿Qué pasó con las piedras en el lugar de contacto?
14. ¿Qué notó Reynaldo Vivo esa noche?
15. ¿Qué causó el fuego en la casita de madera en San Germán?
16. ¿Cómo recibieron los taínos a los españoles?
17. ¿De dónde vienen los seres del espacio?
18. ¿Qué es lo que no podemos hacer?

B. Añada la palabra más apropiada para terminar las siguientes oraciones.

1. El programa fue presentado el 27 de _____ de 1975.

2. El último incidente acaparó los titulares de _____.

3. El programa se basa en sucesos ocurridos en _____.

4. Willie creía que iba a ser víctima de un _____.

5. No comentaron el suceso con _____.

6. Las _____ de los automóviles dejaron de funcionar.

7. Los árboles cerca del lugar de contacto estaban completamente _____.

8. Las piedras se cargaron en una _____.

9. No había luz en todo el sector _____ en el apartamento donde él vivía.

10. El objeto volador se _____ sobre una pequeña casita.

11. Su _____ no podía verse con claridad.

12. Los vemos llegar con incredulidad y _____.

13. La _____ del hombre no puede imaginar lo que pasará.

14. Habrá material para futuras _____.

15. *El Mundo* es el _____ de mayor circulación en Puerto Rico.

C. **Sustituya las palabras en letra cursiva con sinónimos de la siguiente lista. Cambie los verbos, nombres y adjetivos a la forma apropiada cuando sea necesario. Es posible usar una palabra más de una vez.**

contar	alumbrar	determinar
ver	equivocado	extraordinario
cargar	afirmar	

1. Querían *averiguar* si había radiación en la azotea.
2. Lo más *raro* fue que las baterías no funcionaban.
3. Toda el área se *iluminó*.
4. *Presenciaron* el descenso de un objeto brillante.
5. *Aseguró* que era un platillo volador.
6. Ocurrió algo *extraño* en el suroeste.
7. No *llevaron* las piedras en una bolsa.
8. Existe gran interés en los sucesos que *narramos* aquí.
9. *Miraba* un programa de televisión por la noche.
10. Esa reacción es tan *errada* como la de los taínos.

D. **Tema para discusión en clase o para composición escrita:**

¿Es posible que haya otros mundos habitados?

Ya se te fue el ruiseñor
que en tu mano lo tuviste,
otro ruiseñor vendrá
mas no como el que perdiste.

16 | Juan Bobo

Un ser legendario de Puerto Rico es Juan Bobo,[1] un chico supremamente despistado[2] que vuelve locos a todos, pero sobre todo a su madre.

Existe una gran variedad de historias sobre Juan Bobo, y se cuentan en todas partes de la Isla.

No sabemos si existió, ni dónde, ni cuándo, pero sus desventuras[3] han hecho reír a generaciones de puertorriqueños.

A continuación encontrará una versión de una historia de Juan Bobo.

Érase una vez un muchacho a quien llamaban Juan Bobo por ser medio tonto[4] y despistado.

Un día su madre le mandó al pueblo a comprar tres cosas: carne, miel y unas agujas.[5]

Juan Bobo colocó dos canastas en la mula y se fue al pueblo. Compró la miel y la echó en las canastas. Luego compró la carne y las agujas. Las puso también con la miel en las canastas.

Cuando Juan Bobo volvió a su casa, trajo la carne, pero no encontró ni agujas ni miel. Ambas cosas se habían perdido en el camino, sobre todo la miel. La habían comido un número inmenso de moscas que acompañaban a Juan Bobo.

---

[1]**bobo** foolish   [2]**despistado** absent-minded   [3]**desventuras** misadventures   [4]**tonto** silly
[5]**agujas** sewing needles

Cuando llegó el bobo y la madre vio lo que había hecho el muy tonto, le pegaba y le decía:

—¡Animal! ¡Si es que eres un animal! ¿Cómo vas a echar la miel en las canastas y quieres que llegue aquí? ¡Y las agujas! Tenían que salirse por los agujeros;[6] no eres más que un bruto; no se te puede mandar a hacer nada.

—Mamá, no se preocupe usted —decía Juan Bobo—. La miel se la comieron las señoritas del manto prieto,[7] pero mañana mismo voy a denunciarlas donde el señor juez.[8]

—Déjate de tonterías, Bobo; eres más bobo que los bobos. No sirves para nada; eres, al contrario, una carga.

—Mamá, no se preocupe usted; mañana denuncio a las señoritas del manto prieto.

—Vete ahora a pedirle la olla[9] de tres patas a la comadre[10] para hacer una sopa. Pero avanza, que no tengo tiempo que perder.

Fue Juan Bobo donde la comadre y le pidió la olla. Ésta era un caldero[11] de ésos que se usaban antes, con tres patas y muy grande.

Cogió Juan Bobo la olla y salió con ella. Yendo por el camino que conducía a su casa, puso la olla en el suelo y le decía:

—Mira, ya yo estoy cansado de llevarte; tú tienes tres patas y puedes andar mejor que yo. Camina adelante, que yo voy detrás.

Y como la olla se quedaba en el mismo sitio, le decía:

—¿Qué te pasa? ¿No conoces el camino? Pues yo me voy adelante; sígueme.

Pero la olla no se movía.

—Perezosa,[12] eso es lo que eres; que eres una perezosa; te gusta que te lleve al hombro para no caminar. Pues está bonito eso, que tú con tres patas y yo con dos te tenga que cargar a ti. No, señor, tú tienes que caminar.

Y con un palo que llevaba le daba furioso y empujaba con los pies.

---

[6]**agujeros** holes   [7]**señoritas del manto prieto** flies; *(lit.)* young ladies in tight black cloaks
[8]**juez** judge   [9]**olla** pot   [10]**comadre** friend, neighbor   [11]**caldero** big cooking pot
[12]**perezosa** lazy, lazybones

—Anda, anda, perezosa; avanza, que mamá nos está esperando.

Pronto llegaron a un sitio donde el camino se dividía en dos vereditas,[13] antes de bajar del cerro.[14] Cogió Juan Bobo a la olla perezosa, y poniéndola en una de las veredas, le dijo:

—Oye, tú coges por aquí y andas lo más rápido que puedas. Yo cojo por aquella veredita y ando bien rápido. A ver quién llega primero, tú o yo.

—Bueno, ya estamos —gritaba Juan Bobo del otro camino—. ¡A la una, a las dos y a las tres!

Y corría Juan Bobo cuesta abajo[15] que no lo cogía nadie. Fatigado llegó a su casa y seguido fue donde la mamá y le preguntó:

—Mamá, ¿ha llegado ya? ¿Llegó?

—Pero muchacho, ¿que si llegó quién?

—La olla, mamá, la olla. Nos echamos a correr a ver quién llegaba primero.

—Juan Bobo, te mato; hoy, te mato. No seas estúpido, muchacho. ¡Vete, vete rápidamente a buscarme esa olla! —gritaba la madre furiosa.

El Bobo, furioso, lleno de miedo, fue cerro arriba hasta encontrar la olla tal como la había dejado.

—Lo ves, perezosa. No tienes consideración. Por culpa tuya me iba a pegar mi mamá; por poco me coge si no vengo rápido. Ahora es que te las voy a cobrar;[16] te debería dar vergüenza,[17] tú con tres patas y yo con dos solamente, y sin embargo, llegué primero —Diciendo esto, le daba patadas.

Como la vereda estaba en un pendiente, del impulso que recibió de las patadas, rodó[18] la olla cuesta abajo.

—¿Cómo ahora corres? —le decía Juan corriendo detrás de ella—. ¿Cogiste miedo?

Por fin Juan Bobo y la olla perezosa llegaron a casa.

Al día siguiente temprano Juan Bobo hablaba con el juez.

---

[13]**vereditas** narrow paths [14]**cerro** mountain [15]**cuesta abajo** downhill [16]**te las voy a cobrar** I'm going to make you pay for this [17]**te debería dar vergüenza** you should be ashamed of yourself [18]**rodó** rolled

—Señor juez —decía—, quiero denunciar a las señoritas del manto prieto por haberme comido la miel.

—¿Quiénes son tales señoritas? —preguntaba el juez.

—Ésas, ésas mismas que ve ahí —le contestó, y le señalaba unas cuantas moscas que estaban paradas en una mesa.

—¡Ah! Las señoritas del manto prieto; tú quieres decir las moscas.

—Eso mismo, eso es. Ellas me cogieron la miel. Y quiero vengarme o que me paguen.

—Juan, escucha lo que vas a hacer —decía el juez lleno de risa—. Dondequiera[19] que veas a una de esas señoritas, le das enseguida con tu palo y la matas. Es muy sencillo, ¿verdad?

—Muy bien, señor juez —y en ese mismo momento ¡zas! Pegó un golpetazo[20] inmenso en la cabeza del desgraciado juez. Se le había parado una señorita del manto prieto sobre la calva.[21]

Juan fue a la cárcel, pero ni aun allí le dejaron tranquilo las provocativas señoritas del manto prieto.

EJERCICIOS

A. Añada la palabra más apropiada para terminar las siguientes oraciones.

1. Juan Bobo es medio tonto y _____.

2. Su madre le mandó al pueblo a comprar carne, miel y algunas _____.

3. La miel y las agujas se habían _____ en el camino.

4. La miel la habían comido un número inmenso de _____.

5. Su madre le _____ a Juan Bobo.

6. Le mandó con la comadre a pedirle una _____.

---

[19]**dondequiera** wherever   [20]**golpetazo** a huge blow   [21]**calva** bald head

7. Juan no quería _____ a la olla.

8. Le dijo a la olla que caminara porque la olla tenía tres _____.

9. Cuando su madre vio que Juan llegó sin la olla, se puso _____.

10. Juan volvió donde estaba la olla y le daba _____.

11. La olla _____ cuesta abajo hasta la casa.

12. El día siguiente Juan Bobo fue a ver al _____.

13. Quería _____ de las señoritas del manto prieto.

14. El juez se rió y le dijo que _____ a cualquier mosca que viera.

15. Cuando Juan pegó a una mosca en la cabeza del juez, terminó en la _____.

B. Conteste con una oración completa.

1. ¿Quién es Juan Bobo?

2. ¿Por qué le manda su madre al pueblo?

3. ¿Por qué se pierden la miel y las agujas?

4. ¿Qué le dice su madre?

5. ¿Por qué lo manda a la comadre?

6. ¿Qué quiere Juan que haga la olla?

7. ¿Qué le dice su madre cuando llega sin la olla?

8. ¿Cómo hace que la olla llegue a casa?

9. ¿Qué le dice al juez?

10. ¿Qué pasa al final?

C. **Sustituya las palabras en letra cursiva con sinónimos de la siguiente lista.**

bobo	una vereda	comadre
patas	yendo	fatigado
el caldero	cerro	
canastas	la mula	

1. Juan a veces era muy *tonto*.

2. Echó miel en las *cestas*.

3. *El burro* llevaba las canastas.

4. Fue a la *amiga* de su mamá a pedirle la olla.

5. *La olla* era grande.

6. Juan Bobo sólo tenía dos *piernas*, pero la olla tenía tres.

7. *Caminando* hacia casa, Juan se cansó de llevar la olla.

8. La dejó en *un pequeño camino*.

9. Llegó a casa *muy cansado*.

10. Tuvo que volver a subir al *monte*.

D. **Tema para discusión en clase o para composición escrita:**

¿Conoce Ud. a alguien parecido a Juan Bobo? Descríbalo. Cuente alguna desventura que ha tenido esa persona.

Refrán popular
Quien no tiene cabeza, debe tener piernas.

17 | Compadre Conejillo

Un tipo de cuento legendario de Puerto Rico es el del tramposo.[1] En este tipo de cuento, un personaje, normalmente un animal pequeño pero muy

inteligente, engaña[2] a otro más grande pero también más tonto.

Los cuentos del tramposo también son populares en otros países de habla hispana. Y se cuentan entre algunas de las poblaciones indígenas de los Estados Unidos.

Érase una vez un Conejillo y un Tigre. El Tigre se quería comer al compadre[3] Conejillo, pero nunca lo podía coger porque era tan chiquitito y tan inteligente.

Un día el Tigre encontró al Conejillo solo con varias sogas.[4] El Tigre le dijo:

—Hoy te voy a comer.

—Cómame, cómame; para lo que vamos a pasar.

—Y ¿qué es lo que vamos a pasar?

—No, no me pregunte. Para lo que vamos a pasar, cómame.

El compadre Conejillo tenía un periódico viejo en las manos y le dijo:

—Mire; esta noche va a haber una tormenta muy fuerte. Aquí dice —señalando al periódico—, que sólo aquella palma que está allí va a quedar en pie.

---

[1]**tramposo** trickster   [2]**engaña** tricks   [3]**compadre** close friend *(colloquial)*   [4]**sogas** lengths of rope

—Ay, pues, amárrame[5] a mí, que tú eres chiquito y a donde quieras te puedes alojar.[6]

Y de esta manera el compadre Conejillo amarró al compadre Tigre en la palma.

Lo dejó allí bien amarrado y se fue.

A los dos o tres días pasaron por allí algunos burros. Uno de ellos sugirió:

—Vamos a soltar[7] a ése que está ahí amarrado.

—No, que nos comerá —respondieron los otros.

Y se fueron.

Después vino un Mono. El Tigre le dijo:

—Ay, Monito, suéltame.

—No, tú me comerás.

—Ay, Monito, no; yo no te como —le prometió.

El Mono se puso a soltarlo. En cuanto el mono terminó, el Tigre lo agarró para comerlo.

Ahora bien, en las ramas más altas de la palma se había escondido el Conejillo. En cuanto vio que el Tigre tenía al Mono, el compadre Conejillo le dijo:

—Eh, compadre Tigre; así no se come el Mono. Tírelo para arriba y luego lo atrapa con la boca abierta.

Así lo hizo el Tigre. Pero cuando tiró al Mono para arriba, el compadre Conejillo le echó un gran coco en la boca abierta. El Tigre se cayó en el suelo, y el Conejillo y el Mono se escaparon alegres.

En otra ocasión estaba el compadre Conejillo en el camino cuando pasó un señor con una carga de queso. El Conejillo se le metió dentro de las canastas, y le sacó unos cuantos trozos de queso seco. Después se escapó y se fue al lado de un charco.[8] Ya era de noche y había una luna muy grande. El Conejillo se sentó encima de una piedra y se puso a comer queso.

Cuando vio venir al compadre Tigre, escondió los demás quesos, pero se quedó con un pedazo en las manos.

Dijo el compadre Tigre:

—Ay, ahora sí es verdad que te como.

---

[5]**amárrame** tie me   [6]**alojar** take refuge   [7]**soltar** let loose   [8]**charco** pond

—Mire, tenga y pruebe[9] —y le dio el pedazo de queso.

—Ay, qué bueno está esto, compadre Conejillo. ¿De dónde has sacado esto?

—Mire, lo saqué del fondo del charco.

El Conejillo señaló con la mano el reflejo de la luna blanca en el agua. El Tigre creyó que era otro queso.

El Conejillo continuó:

—Me amarré una piedra en los pies, me tiré allá abajo, y fíjese lo que encontré.

—Ay, pues, compadre Conejillo, amárrame a mí también.

Y el Conejillo le amarró al Tigre una piedra grande, y lo tiró dentro del charco. El compadre Conejillo cogió sus quesos, y dejó al Tigre en el agua.

A duras penas[10] salió el compadre Tigre de dentro de aquel charco.

* * *

El Tigre estaba enamorado de la Zorra,[11] y el compadre Conejillo hizo una apuesta[12] con la Zorra a que iría montado a caballo[13] en el Tigre hasta su casa.

Tal como le sugirió el Conejillo, la Zorra le dijo al Tigre que tenía ganas de bailar, y que el único que sabía tocar bien en aquel barrio era el compadre Conejillo. El Tigre le dijo que organizaría el baile. Por dentro pensó:

—Cuando traiga al Conejillo a tocar, podré comerlo. Apagaré las luces durante el baile y entonces me lo comeré.

El Tigre fue y le habló al Conejillo para tocar en el baile. El Conejillo le dijo que sí, que si no estaba enfermo, él lo haría.

El sábado, el compadre Tigre fue a buscar al Conejillo. Cuando éste lo vio venir, se cubrió la cabeza con muchas hojas y se amarró un pañuelo. Llegó el compadre Tigre y dijo:

—A buscarte vengo, Conejillo.

—Ay, yo me estoy muriendo. Tengo una fiebre terrible.

—Yo te llevo al hombro.

---

[9]**pruebe** try (this)   [10]**a duras penas** (he) could barely   [11]**Zorra** Lady Fox
[12]**apuesta** bet   [13]**iría montado a caballo** would ride horseback

Pero cuando intentó colocar[14] al Conejillo, éste se cayó y dijo:

—Ay, yo no puedo ir así. ¿Quiere que le ponga un cojín[15] viejo que tengo allí?

—Ponlo.

Llegó con el cojín, y se montó, y ¡uf! Se cayó otra vez.

—¡Ay! Si yo me he matado.

—Pero, compadre Conejillo, arregla las cosas mejor para que no te caigas.

—Mire, le voy a poner unas canastas viejas y un aparejito[16] viejo.

—Ponlos.

Entonces el Conejillo lo ensilló[17] bien. Después se puso unos espuelines.[18] Se montó y cogió su guitarra debajo del brazo. Le pegó con los espuelines y le dio un azote al Tigre y éste empezó a correr. Pronto pasaron por delante de la casa de la Zorra donde había muchísima gente esperando al músico.

Después el Conejillo paró al Tigre y lo ató a una palma. Entró en la casa para tocar la música, y pronto todo el mundo estuvo bailando.

Llegó el Lobo[19] y oyó los gritos del Tigre:

—Ay, mire; suélteme, por favor.

Y lo soltó, lo desensilló[20] y entraron en la casa.

Dijo el Tigre:

—Compadre Conejillo, tócame un vals[21] bien tocado.

—Sí, sí. Pero me voy a subir a un balcón porque aquí hace mucho calor.

Efectivamente, subió arriba y se puso a tocar.

Mientras todos bailaban, el Tigre apagó las luces, pero entonces el Conejillo se escapó.

Al día siguiente cuando fue a casa de la Zorra a buscar su guitarra, el compadre Tigre lo estaba esperando y le dijo:

—Compadre Conejillo, usted es más inteligente que yo. Ya puede estar tranquilo, que no le molestaré más.

Y desde aquel día, y desde aquel entonces, no lo persiguió más.

---

[14]**intentó colocar** tried to position   [15]**cojín** small cushion   [16]**aparejito** saddle and bridle
[17]**ensilló** saddled   [18]**espuelines** spurs   [19]**Lobo** Wolf   [20]**desensilló** unsaddled   [21]**vals** waltz

EJERCICIOS

A. **¿Son ciertas o falsas las siguientes oraciones? Si son falsas, cámbielas de manera que queden correctas.**

1. En un cuento de "tramposo", el más inteligente pierde.

2. En este cuento, el Tigre quiere bailar con el Conejillo.

3. El Conejillo siempre se escapa del Tigre.

4. Los burros desatan al Tigre.

5. El Tigre no trata de comer al Mono.

6. El Conejillo le da queso al Tigre.

7. El Tigre se tira al charco para buscar queso.

8. La Zorra y el Tigre hacen una apuesta.

9. El Conejillo va a casa de la Zorra montado en el Tigre.

10. Al final, el Tigre no deja en paz al Conejillo.

B. **Conteste con una oración completa.**

1. ¿Qué quería el Tigre?

2. ¿Por qué no podía coger al Conejillo?

3. Según el Conejillo, ¿qué iba a pasar en la tormenta?

4. ¿Por qué amarró al Tigre a una palma?

5. ¿Quién soltó al Tigre?

6. ¿Cómo logró el Conejillo salvar al Mono?

7. ¿Qué estaba comiendo el Conejillo cuando el Tigre lo encontró?

8. ¿Por qué terminó el Tigre en el fondo de un charco?

9. ¿De quién estaba enamorado el Tigre?

10. ¿Qué apuesta hizo el Conejillo con la Zorra?

11. ¿Qué pasó cuando el Tigre fue a buscar al Conejillo para el baile?

12. ¿Cómo llegó el Conejillo a la casa de la Zorra?

13. ¿Quién soltó al Tigre?

14. ¿Cómo trató el Tigre de atrapar al Conejillo?

15. ¿Qué pasó al final?

C. Sustituya las palabras en letra cursiva con sinónimos de la siguiente lista.

amarró	pedazo	extinguió
alojarse	compadre	halló
el charco	cogió	
palma	soltó	

1. El Conejillo se había escondido en la *palmera*.

2. Como era chiquito, el Conejillo podía *quedarse* donde quería.

3. *La laguna* era pequeñita.

4. El Conejillo se comió un *trozo* de queso.

5. El Mono *desató* al Tigre.

6. El Tigre *agarró* al Mono para comerlo.

7. El Tigre *encontró* al Conejillo solo.

8. El Tigre fingió ser *buen amigo* del Conejillo.

9. El Conejillo *ató* al Tigre a una palma.

10. El Tigre *apagó* las luces en casa de la Zorra.

D. Tema para discusión en clase o para composición escrita:

¿Alguna vez ha vencido a alguien más grande o fuerte que Ud.? Describa lo que pasó.

Dicho popular
A-E-I-O-U
¡El burro sabe más que tú!

Apéndice

Los taínos

Los indios que habitaban Puerto Rico al tiempo del primer viaje de Colón se llamaban taínos. Los taínos eran un pueblo manso y amigable que, 50 años después de haber llegado a Puerto Rico los primeros españoles, habían desaparecido casi por completo. Explotados cruelmente por los españoles, sólo quedaban unos 60 en 1542, año en el que por decreto real se reconoció su libertad. Los años siguientes vieron la asimilación total de la población india.

Los taínos habían venido originalmente de la América del Sur, de la región del Río Orinoco, en lo que es hoy Venezuela, llegando a Puerto Rico alrededor de 300 A.C. Son descendientes de los llamados araucos. Atravesaban el mar en grandes canoas donde cabían hasta cien hombres. Sabían pescar y cultivar la tierra. Pero no fueron los primeros. Antes, hace más de dos mil años, llegaron a Puerto Rico, posiblemente desde la costa de Florida, grupos de indios que hoy llamamos indios arcaicos. Estos llegaban en primitivas balsas, pues no construían canoas. Vivían cerca de la costa. Cazaban y pescaban para vivir, pues no conocían la agricultura. Estos indios arcaicos fueron conquistados y absorbidos por los araucos, dando por resultado la cultura taína, que tuvo su máximo florecimiento en el siglo XIII.

Unos cien años antes de llegar Colón al Nuevo Mundo, alrededor de 1400 A.C., el área fue invadida por otra tribu de indios, los caribes. Éstos también venían de la costa norte de la América del Sur. Al contrario de los pacíficos taínos, eran muy guerreros, y al igual que ellos, eran excelentes marineros. Se establecieron en las islas al sur y este de Puerto Rico y, desde allí, atacaban las aldeas taínas del este de Puerto Rico. La mayor preocupación de los taínos, cuando llegaron los españoles, era cómo defenderse contra los caribes. No sabían que el hombre blanco iba a ser un enemigo mucho peor. Es interesante notar que los caribes seguían atacando a Puerto Rico, aun después de la desaparición de los taínos, y que aun hoy en día hay un grupo de caribes que viven en la isla de Dominica.

Pero volvamos a los taínos. En la época de la llegada de los españoles, vivían en aldeas llamadas *yucayeques*, distribuidas por toda la Isla. Se han conservado los nombres de unos 18 de estos *yucayeques*. Cada *yucayeque* tenía su jefe o cacique. El *yucayeque* consistía en un número de casas llamadas *bohíos* construidas alrededor de una plaza llamada *batey*. Los bohíos eran redondos y se hacían de tablas de palma o de cañas amarradas entre sí con bejucos.[1] La excepción era el *bohío* del cacique, que se construía en forma cuadrangular. Las distintas clases sociales eran los *nitaínos*, o nobles, los *bohiques*, que eran los sacerdotes y médicos, y los *naborís* o *naborias*, que eran los trabajadores. El cargo de cacique era hereditario.

Como la ocupación principal de los indios era la agricultura, cada *yucayeque* estaba rodeado de sus campos de cultivo. Se cultivaban la yuca, el maíz, las batatas, el maní, el tabaco y el algodón. El *yucayeque* más importante era Guainía, cerca del actual pueblo de Yauco. Su cacique, en el tiempo de la llegada de los españoles, se llamaba Agueybana y podía hablar en nombre de todos los demás caciques. Se hizo amigo de los españoles cuando éstos llegaron en 1508. A su muerte en 1510 su sobrino Guaybaná heredó su puesto. De él hablamos en el relato de la muerte de Salcedo.

Los taínos no vivían con muchas comodidades materiales, pero no les hacían falta. Usaban poca ropa. Las mujeres casadas usaban pequeños delantales[2] llamados *naguas* (origen de la palabra española *enagua*), los hombres un simple taparrabo.[3] En los *bohíos* había pocos muebles. Dormían en hamacas. Se sentaban directamente en el suelo. Los caciques a veces usaban un asiento bajo llamado *dujo*, que servía más bien como símbolo de autoridad que para la comodidad. Para cocinar, utilizaban ollas, platos y vasos de barro, o bien utilizaban recipientes naturales como la concha de los caracoles. Para cultivar la tierra usaban un palo largo llamado *coa*. Pescaban con anzuelos[4] de madera e

---

[1] **bejucos** rattan, reeds   [2] **delantales** aprons   [3] **taparrabo** loincloth
[4] **anzuelos** fishhooks

hilos[5] de algodón. Cazaban con arco y flecha.[6] Para transportarse, construían canoas de varias clases. Las más grandes se hacían ahuecando[7] el tronco de un árbol grande por medio del fuego y de herramientas[8] de piedra. Para transportarse en tierra, iban a pie. No hay que olvidar que los primeros caballos llegaron con los españoles.

Por lo general la familia consistía en los padres y los hijos que vivían juntos en un solo *bohío*. El padre enseñaba a los hijos a pescar y cazar. Además les enseñaba la cultura y las costumbres del pueblo. Las madres enseñaban a sus hijas a cocinar, tejer[9] hamacas y cultivar los campos. En general los padres exigían respeto a sus hijos.

Los taínos creían en un gran espíritu protector, *Yucajú*. Este nombre tenía variantes, el más común de los cuales es *Yukiyú*. Literalmente, quiere decir "yuca blanca", la planta que les daba la harina[10] para el pan. Había también un espíritu maligno, *Juracán*. Se consideraba que el primero tenía su morada[11] principal en las montañas del noreste de la Isla, por la montaña que hoy se conoce como el Yunque. El segundo habitaba en las islas al sureste de Puerto Rico, pues de allí venían los guerreros caribes y las grandes tormentas. Del nombre de este espíritu maligno, tenemos la palabra española *huracán* y su equivalente inglés, *hurricane*. Además de los dos grandes espíritus, había otros de menor importancia. Había los llamados *cemíes*, representados por ídolos hechos de barro, piedra o algodón. Comúnmente este ídolo era de forma cónica con una cara tallada a lados opuestos. Los *cemíes* se consideraban espíritus buenos pero también había espíritus malos, los *maboyas*, irradiaciones de *Juracán*, y las *jupías*,[12] apariciones de las ánimas de los difuntos. Los *bohiques* eran a la vez sacerdotes y curanderos que apelaban[13] a la ayuda de los *cemíes* y ahuyentaban[14] a las *maboyas* y a las *jupías*.

---

[5]**hilos** threads   [6]**flecha** arrow   [7]**ahuecando** hollowing   [8]**herramientas** tools
[9]**tejer** to weave   [10]**harina** flour   [11]**morada** dwelling place   [12]The principal meaning of *jupía* was that of "soul" as was pointed out in the first story. The Tainos believed that everyone had a *jupía* which continued to live on after the death of the physical body. The *jupías* were therefore disembodied spirits which could, however, continue to inhabit the physical world. Whether these *jupías* were good or bad is a matter of some disagreement among those who have studied the Taino culture, but the overall impression seems to be negative.   [13]**apelaban** appealed   [14]**ahuyentaban** drove away

Como creían en una vida después de la muerte, enterraban a sus muertos en posición sentada con las rodillas a nivel del pecho en una fosa[15] reforzada con tablas. Ponían agua y alimento al lado del cadáver. Los caciques eran enterrados con todos sus adornos y se enterraba viva la mujer favorita del cacique para que lo acompañara a la otra vida.

Pasando a un tema menos lúgubre,[16] consideremos un poco las fiestas y diversiones de los taínos. Celebraban unas grandes fiestas que llamaban *areytos*, los famosos *areytos* de los taínos. En los *areytos* había de todo. Se cantaba, se bailaba, se aprendía historia, se comía, se bebía. En fin se gozaba, y a lo lindo. Se celebraba con motivo del matrimonio del cacique, de una buena cosecha, de un triunfo guerrero, o bien para conmemorar un suceso importante. Por lo general se planeaba con cuidado y con varios días de anticipación, y con participación del *yucayeque* completo. El cacique iniciaba el *areyto* en el *batey*, cantando estrofas sobre la historia del *yucayeque*. Como el idioma taíno no se escribía, estos *areytos* servían para enseñar la historia y las tradiciones del pueblo. A medida que el cacique cantaba al acompañamiento de instrumentos musicales como el güiro, las maracas y el tambor, los hombres y mujeres bailaban con ratos de descanso en que comían y bebían. Los *areytos* podían durar varios días.

Y los taínos tenían también su juego de pelota. Les encantaba jugar a la pelota. La pelota se hacía de raíces[17] y de la goma[18] sacada de la corteza de ciertos árboles. El campo de juego era por lo general el *batey* del pueblo, aunque algunos *yucayeques* construyeron sus propios campos de juego, a menudo cerca de un río, pues a los jugadores les agradaba bañarse en el río para refrescarse después del duro juego. El juego en sí era parecido al volibol actual pero sin redes.[19] Los equipos o bien se formaban dentro de un mismo *yucayeque*, o podían representar *yucayeques* distintos. Había equipos de hombres y de mujeres. Y los espectadores apostaban[20] a sus equipos favoritos. Se apostaban adornos, armas y utensilios de trabajo.

---

[15]**fosa** grave   [16]**lúgubre** gloomy   [17]**raíces** roots   [18]**goma** gum, rubber   [19]**redes** nets
[20]**apostaban** bet

No se conserva el idioma de los taínos en su integridad. Desapareció junto con los que lo hablaban antes de que pudiera ser objeto de un estudio serio de parte de misioneros o eruditos. Lo que se conserva son expresiones sueltas, nombres de plantas y animales nativos, y términos que se refieren a la cultura y a las costumbres. Sin embargo, algunas palabras taínas han pasado a formar parte del español de Puerto Rico, e inclusive del vocabulario español universal y de otros idiomas. Entre éstas últimas se encuentran *canoa, huracán* y *hamaca*. Otras son *bejuco, batey, maní, iguana, juey, bohío*. Y no debemos olvidar el nombre que los indios pusieron a esta isla, Boriquén, que según el historiador Cayetano Coll y Toste significa "tierras del valiente señor". La variante, Borinquen, que se ha popularizado mucho últimamente, fue creada, al parecer, durante el siglo XIX.

Coll y Toste ha intentado también, a manera de un ejercicio lingüístico, crear una oración en taíno siguiendo el patrón del *padrenuestro*, utilizando las palabras sueltas y construcciones del taíno que han llegado hasta nosotros. Héla aquí:

Guakía baba	Nuestro padre
turey toca	cielo estar
guamí-ke-ní	señor de tierra y agua
guamí-caraya-guey	señor de luna y sol
guarico	ven a
guakía	nosotros
tayno-tí	bueno, alto
bo-matún	grande, generoso
busicá	da a
para-yucubía	lluvia, planta
aje-cazabi	boniato, pan
juracán-uá	espíritu malo, no
maboya-uá	fantasma, no
yukiyú-jan	espíritu bueno, sí
Diosá	de Dios
naborí daca	siervo yo
Jan-jan catú	Así sea.

Spanish-English Vocabulary

All words that appear in the text are included here, except for definite articles, some pronouns, cardinal numbers, and names of people, months, and days.

The following abbreviations are used:

adj., adjective
adv., adverb
f., feminine
m., masculine
n., noun
v., verb

Gender is shown for all nouns, except masculine nouns that end in **-o**, feminine nouns that end in **-a**, or nouns referring to male or female beings. Irregular verbs are marked with *(irreg.)*. Stem-changing verbs have the change indicated in parentheses: **cerrar (ie)**, **contar (ue)**, **pedir (i)**. Verbs like **conocer** have **(zc)** in parentheses. Verbs like **construir** have **(y)** in parentheses.

A

a to, at, from, by, on; **a pesar de** in spite of
abajo under, below
abandonar to leave, to abandon
abierto, -a open, opened
abismo abyss
abolición *(f.)* abolition
abolir to abolish
abordaje *(m.)* the act of boarding a ship
abrigo shelter
abrir to open
absorber to absorb
absurdo, -a absurd
abundar to abound
acabar(se) to finish, end; **acabar de** to have just
acaparar to monopolize

acariciar to caress
acaso by chance
acceder to accede
accidentado, -a troubled, agitated
aceite *(m.)* oil
aceptar to accept
acerca de about, with regard to
acercar(se) (qu) to approach
acero steel
acompañamiento accompaniment
acompañar to accompany
aconsejar to advise
acosar to pursue relentlessly
actitud *(f.)* attitude, position
acto deed
actuar to act
acuartelar to quarter
acuático, -a aquatic; pertaining to water

acudir to go or come to the rescue
acuerdo agreement; **de acuerdo a** in accordance with; **de acuerdo** in agreement
acumular to accumulate
adelante ahead; **en adelante** henceforth, in the future; **más adelante** farther on
además furthermore, besides
admirar to admire, to astonish
adolescente adolescent
adorar to adore, worship
adorno ornament
adquirir (ie) to acquire
adversario opponent
adverso, -a adverse
afamado, -a famous
afecto affection
afectuosamente affectionately
afirmar to affirm
africano, -a African
agarrar to grasp
agencia agency; **agencia noticiosa** news agency
agente *(m.)* agent
agotar to exhaust
agradable agreeable
agradar to please, like
agradecer (zc) to be grateful for
agregar to add
agrícola agricultural
agricultor, -a farmer
agrio, -a sour
agua *(f.)* water
aguacero heavy shower of rain
aguardiente *(m.)* brandy
aguja sewing needle
agujero hole
ahogar (gu) to drown
ahuecar (qu) to make hollow
ahuyentar to drive away
aire *(m.)* air
ajuar *(m.)* bridal apparel and furniture
alambre *(m.)* wire; wire fence

alarde *(m.)* boasting; **hacer alarde** to boast, brag
alborotar to agitate, excite
alboroto disturbance, fuss
alcalde *(m.)* mayor
aldea village
alegremente cheerfully
alejar(se) to move (something) away, go away
alfabético, -a alphabetical
algo some; something
algodón *(m.)* cotton
alguien somebody, someone
alguno, -a some
alimentar to feed, nourish
alimento food
alistar to enlist, to get or make ready
aliviar to alleviate, relieve
alivio alleviation
alma (el) *(f.)* soul
alrededor around; **alrededor de** about, around
altivo, -a haughty, overbearing
alto, -a high, tall
alumbrar to light up
allá there
allí there
amanecer (zc) to dawn; *(m.)* dawn, daybreak
amante *(m. & f.)* lover
amapola poppy
amar to love
amargamente bitterly
amargura bitterness
amarillo, -a yellow
amarrar to tie, fasten
ambiguo, -a ambiguous
ambos both
amenazar to threaten
ameno, -a pleasant
amigable friendly
amigo friend
amo master
amor *(m.)* love
amotinado mutineer

amparar to shelter
amparo aid; protection
ampliar to amplify
amplio, -a ample, large
anciano, -a old (man, woman)
ancho, -a broad, wide
andar *(irreg.)* to walk; to go
anécdota anecdote
angustia anguish
angustiado, -a grieved, worried
ánima soul
animar to animate, enliven; to
    cheer, encourage
animarse to cheer up
ante before; in the presence of
anterior former
antes before; antes de before;
    antes que before
anticipación *(f.)* anticipation
Antillas West Indies
anunciar to announce
anzuelo fishhook
añadir to add
año year
apagón *(m.)* blackout, outage of
    electricity
aparato apparatus
aparecer (zc) to appear
aparecido, -a ghost
aparejito riding gear
aparente apparent
aparición *(f.)* apparition
apartamento apartment
apartar to separate
apelar to appeal
apenas scarcely, hardly; no sooner
    than
apéndice *(m.)* appendix
apertura opening
aplazar (c) to postpone
aplicar (qu) to apply
apoderar(se) to take possession of
apostar (ue) to bet
apreciar to appreciate
aprender to learn
apresar to seize

aprovechar to take advantage of
arar to plow, labor
árbol *(m.)* tree
arboleda grove
arco bow
arder to burn
ardid *(m.)* trickery
ardiente passionate
árido, -a barren
arma weapon
armado, -a armed
armar to arm
aromático, -a aromatic, fragrant
arrabal *(m.)* suburb
arrancar (qu) to pull out
arrastrar to drag
arreglar to arrange; to settle
arrodillar(se) to kneel down
arroyo small stream
arrullar to lull
artefacto device
artillería artillery
artillero gunner, artilleryman
artista *(m.)* artist
asalto assault, attack
asediar to besiege
asegurar to affirm
asesino murderer
así so, thus, in this manner,
    therefore
asiento seat
asomar to begin to appear
asombro amazement, astonishment
asunto subject, matter, affair
asustar to frighten, scare
atacar (qu) to attack
ataque *(m.)* attack
atardecer *(m.)* sunset
atento, -a attentive, heedful
aterrorizar (c) to frighten, terrify
atracción *(f.)* attraction
atraer *(irreg.)* to attract
atrapar to trap
atrás behind
atravesar (ie) to pierce, cross, go
    through

atreverse to dare
atropellar to trample, run over
auditorio auditory
auge *(m.)* supreme height; apogee
aumentar to increase
aun even
aún yet, still
aunque though
automóvil *(m.)* automobile
autor *(m.)* author
autoridad *(f.)* authority
auxilio aid, help
avergonzar (ue) to shame
avergonzar(se) (ue) to be ashamed
averiado, -a damaged,
    malfunctioning
averiguar to investigate, find out
avisar to inform, give notice of
ayudar to aid, help, assist
azotea flat roof
azúcar *(m.)* sugar
azul blue

B

bailar to dance
baile *(m.)* dance
bajar(se) to go down, lower,
    descend; to get off, get down
bajo, -a low, short, under,
    underneath, below
bala bullet
balcón *(m.)* balcony
balbucear to stammer
baloncesto basketball
balsa raft
banana banana
banco bank
bandera flag
bañar(se) to bathe
barba beard
barbería barbershop
barco boat
barricada barricade
barrio neighborhood
barro clay

basar(se) to base
bastar to be enough
batalla battle
batallón *(m.)* battalion
batata sweet potato
batería battery
batey village square, plaza
batir to beat
bautizo baptism
béisbol *(m.)* baseball
bejuco reed
bellamente beautifully
belleza beauty
bello, -a beautiful
bendecir (i) (j) to bless; **Dios lo
    (la) bendiga** God bless you
besar to kiss
bestia animal
bien well; **bienes** *(m.)* property,
    riches
biografía biography
blanco, -a white
blanco *(m.)* target
blando, -a soft
bobo fool, dunce
boca mouth
boda wedding
bohío hut, house
bolsa bag, purse
bombardear to bombard
bondad *(f.)* goodness
bordear to border
boricua Puerto Rican
Boriquén *(m.)* name given by the
    Aruaca Indians of pre-Columbian
    era to the island of Puerto Rico.
Borinquén *(m.)* hispanicized form
    of Boriquén
borrascoso, -a stormy
bosque *(m.)* forest, woods
botar to throw away
botella bottle
botellón *(m.)* large bottle
botín *(m.)* booty
brazo arm
brillante brilliant

brindar to offer, present
brisa breeze
bronceado, -a tanned
brotar to bud; bring forth, sprout
bruja witch
bueno, -a good
burlar(se) (de) to make fun of, to laugh at
burlón, -a scoffing; making fun of
buscar (qu) to look for

C

caballero gentleman
caballo horse
cabellera hair
cabello hair
cabeza head
cabo corporal; end; **llevar a cabo** to carry out
cacique *(m.)* chief (Indian)
cada every
cadáver *(m.)* dead body
cadena chain
cadera hip
caer(se) *(irreg.)* to fall (down)
café *(m.)* coffee; restaurant
cajón *(m.)* **(del lanzador)** pitcher's mound
calcular to calculate
caldero big cooking pot
caliente hot
calma calm
caluroso, -a warm, hot
callar to be quiet
calle *(f.)* street
calva bald head
camastra cot
cambiar to change, exchange
cambio change
caminar to walk; go
camino way
campana bell
campesino farmer, peasant
campiña field, country, landscape
campo field, country, rural area

canal *(m.)* channel
canoa canoe
canonizar to canonize
cántico canticle, song
canasta basket
cantidad *(f.)* quantity
cansancio tiredness
cansar(se) to tire, get tired
cantar to sing
canto song
caña cane
cañón *(m.)* cannon
capataz *(m.)* overseer
capellán *(m.)* chaplain
capilla chapel
capitán *(m.)* captain
capricho whim, fancy
capturar to capture
cara face
caracol *(m.)* shell
carácter *(m.)* character
caracterizar (c) to characterize
carga load
cargar (gu) to carry (a load)
caribe *(m. & f.)* Carib
cariñosamente affectionately
carrera race; career
carretera road, highway
carril lane
carta letter
casa house
casar(se) to marry, get married
casabe *(m.)* cassava
cáscara peel
casco cask; hull of a ship
caso case
castigar (gu) to punish
castigo punishment
castillo castle
casucha hut
católico, -a Catholic
causar to cause
cayo islet; rock, shoal
cazar (c) to hunt
ceder to cede, yield
celebrar to celebrate

célebre celebrated, famous
celeste heavenly
centinela sentinel, person on watch
centro center
ceño frown
cercanía proximity
cercano, -a nearby, neighboring
cercenar to clip, cut off
cerner(se) (ie) to hover
ceremonia ceremony
cero zero
cerrar (ie) to close
cerro mountain
charco pond
chica girl
chiste *(m.)* joke
chorro stream, spurt
choza cabin
chubasco squall
cielo sky
cien hundred
cierto, -a certain, true
cigarro cigar
cimbreante swaying, sinuous
cimbrear to shake, sway, bend
cintura waist
circuito circuit
circular to circulate
circunstancia circumstance
ciudad *(f.)* city
claramente clearly
claro, -a clear; of course
clase *(f.)* class
cobrar: te las voy a cobrar I'll make you pay for this
cocina kitchen
cocinar to cook
coco coconut
cojín *(m.)* cushion
cojo, -a lame
colección *(f.)* collection
colegio school
colgar (ue) (gu) to hang (up)
comadre *(f.)* close friend, neighbor
combate *(m.)* struggle
combatir to struggle

comentar to comment
comentario comment
comenzar (ie) (c) to begin
comitiva group, followers
como as, like
cómo how
cómodo, -a comfortable
compadre *(m.) (col.)* close friend, neighbor
compañero, -a companion, mate
compartir to share
competir (i) to compete
complacer (zc) to please
completo, -a complete; **por completo** completely
componer *(irreg.)* to compose
comprar to purchase
comprender to understand
comprobar (ue) to prove
compromiso appointment
comunidad *(f.)* community
con with
concha shell
concreto concrete
condado county
conducir (zc) to conduct, lead
cónico, -a conical
conmemorar to commemorate
conmigo with me
conocer (zc) to know
conocido, -a well known
conocimiento knowledge
conquilióloga seashell collector
conquista conquest
conquistador *(m.)* conqueror
conquistar to conquer
consagrar to consecrate
conseguir(se) (i) to get, succeed
consejo counsel, advice
consentir (ie) (i) to consent
conservar to keep
consideración *(f.)* consideration
considerar to consider
consistente consistent
consolar (ue) to console
construcción *(f.)* construction

construir (y) to construct
consuelo consolation
contacto contact
contador *(m.)* counter
contaminar to contaminate
contar (ue) to tell, relate
contemplar to contemplate
contener *(irreg.)* to contain, stop
contento, -a happy
contestar to answer
continente *(m.)* continent
continuación *(f.)* continuation;
a continuación in the course of
the program or narrative
continuar to continue
contra against
contrariar to contradict; to upset
contrario, -a contrary, opposite
contraste *(m.)* contrast
convenir (ie) (i) *(irreg.)* to agree,
to fit, to be suitable
conversar to speak
convertir (ie) (i) to convert, change
convulsión *(f.)* convulsion
copa cup, wineglass
copia copy
coquetería flirtation, a flirting
manner
corazón *(m.)* heart
coro chorus
corregir (i) (j) to correct
correr to run
cortar to cut
cortesía courtesy
cortina curtain
corto, -a short
cosecha crop, harvest
costa coast
creación *(f.)* creation
crear to create
creador *(m.)* creator
crecer (zc) to grow
creencia belief
creer to believe
criatura creature
cristal *(m.)* glass

crónica chronicle, a register of
events
crueldad *(f.)* cruelty
cruz *(f.)* cross
cruzar (c) to cross
cuadro picture
cuadrangular quadrangular;
four-sided
cuadrilla crew, troop
cual which
cuando when; de vez en cuando
occasionally
cuanto all, all that, as much as;
cuanto antes as soon as possible;
en cuanto a as for
cuatro four; instrument
cuarto room; fifteen-minute period
cubierta deck of a ship
cuello neck
cuenta: darse cuenta de to realize
cuentista *(m.)* story teller
cuento story
cuerpo body
cuesta abajo downhill
cueva cave
cuidado care; tener cuidado (de)
to be careful about
cuidar(se) to take care of
culebra snake
cultivador *(m.)* cultivator
culto cult, worship
cumplir (con) to accomplish, to
carry out
cura *(m.)* priest
curandero medicine man
curar to cure
curioso, -a curious
curva curve
cuyo, -a whose

D

dama lady
damnificado, -a injured
danés Danish
dañar to spoil, damage

daño hurt, loss; **hacer daño a** to hurt

dar *(irreg.)* to give; **dar a** to face; **darse cuenta (de)** to realize

datar to date

dato item of information

de of, from

debajo (de) below, underneath

deber must, ought, should, to owe

década decade

decepcionar to disappoint

decidir to decide; **decidirse (a)** to decide (to)

decir (i) *(irreg.)* to say, tell; **es decir** that is; **querer decir** to mean

declarar to declare

decreto decree

dedicar (qu) to dedicate

defender (ie) to defend

defensa defense

dejar to leave, allow

dejar de to stop, fail (to)

delantal *(m.)* apron

delgado, -a slender, slim

delirio delirium

deliciosamente deliciously

demanda demand

demás other, rest; **los demás** the others

demasiado too, too much

demorar to delay

denso, -a dense

dentro inside

derecho, -a right, straight

desaparecer (zc) to disappear

desaparición *(f.)* disappearance

desapercibido, -a unnoticed

descansar to rest

descanso rest

descargar (gu) to inflict a blow; to unload

descender (ie) to descend

descolgar (ue) (gu) to unhang, take down

desconocido, -a unknown, strange

descubrir to discover

desensillar to unsaddle

deseo wish

desertor *(m.)* deserter

deshacer *(irreg.)* to undo

descendiente *(m.)* descendent

desgraciado, -a unfortunate

desigual unequal

despedazar (c) to tear apart; to break

despedir(se) (i) de to take leave of, say good-bye to

despegar (gu) to separate

despertar(se) (ie) to wake up

despierto, -a awake

despistado, -a absent-minded

despreocupación *(f.)* lack of concern

después later, afterwards; **después de** after

destacado, -a outstanding

destello sparkle, beam

destierro exile

destino destiny, destination

destrozar (c) to destroy

destruir (y) to destroy

desventura misadventure

detalle *(m.)* detail

determinar to determine

devoción *(f.)* devotion

devolver (ue) to return

día *(m.)* day; **al otro día** the following day; **de día** by day

diablo devil

dialecto dialect

diario, -a daily

dificultad *(f.)* difficulty

difundir to diffuse

difunto dead, dead person

digno, -a worthy

dinero money

dios *(m.)* god; **Dios** God

dirección *(f.)* direction

directamente directly

discurso speech

discutir to discuss

diseño design
disfrazar (c) to disguise
disfrutar to enjoy
disminuir (y) to decrease
disolver (ue) to dissolve
disparar to shoot
dispuesto, -a ready, prepared
distinguir to distinguish
distinto, -a different
diversión (f.) entertainment
dividir to divide
divino, -a divine
divisar to discern, see
docena dozen
doctorado doctorate
documental (m.) documentary
documento document
dólar (m.) dollar
dolor (m.) pain
dominar to dominate
don (m.) ability, talent
donde where
dondequiera wherever
dormido, -a asleep
dramaturgo playwright
drástico, -a drastic
ducha shower
duda doubt
duelo duel
dueño owner
dulce sweet
durante during
duro, -a hard, difficult

E

e and
echar to throw; **echarse** to lie down
edad (f.) age
edificio building
educado, -a educated; **bien educado** well bred
efecto effect; **efectos** personal belongings
efectuar to carry out
ejecución (f.) execution

ejecutar to perform, carry out
ejemplo example
elegir (i) (j) to choose
elemento element
eléctrico, -a electric
elocuente eloquent
embargo: sin embargo however, nevertheless
embravecer (zc) to become stormy or violent
emergencia emergency
emisora radio station
emoción (f.) emotion
empujar to push
enagua slip (woman's garment)
enamorar(se) (de) to fall in love (with)
enamorado lover
encantador, -a charming
encantar to charm, delight
encanto charm
encargar (gu) to charge, commission
encargarse de to take charge of
encargo charge, commission
encender (ie) to light
encerrar (ie) to enclose
encima on top
encontrar (ue) to find, meet; **encontrarse con** to meet, come upon, find out
energía energy
enfermedad (f.) illness
enfermo, -a sick
engañar to trick
enmarcar (qu) to frame, to cause to stand out
enmendar (ie) to mend
enmudecer (zc) to become silent
enojo anger
enorme enormous
ensayista (m.) essay writer
ensayo rehearsal
enseñanza instruction, teaching
ensillar to saddle up
ensueño dream, illusion

enterarse (de) to learn, find out
enterrar (ie) to bury
entonces then; **en aquel entonces** at that time
entrada entrance
entrar to enter
entre between, among
entregar (gu) to deliver
entrenar to train
entrevista interview
enviar to send
envidia jealousy
época time
equipo team; baggage, luggage
equivalente equivalent
equivocado, -a wrong
erigir (j) to erect, build
errar to miss; to make a mistake
erudito scholar
escalofrío chill
escalofriante scary, chilling (weather)
escampar to clear up
escarbar to scrape, dig
escarmiento lesson, punishment
escapar to escape
escena scene
esclavitud (f.) slavery
esclavo slave
escoger (j) to choose
escolta escort
esconder to hide
escondite (m.) hiding place
escribir to write
escritor, -a writer
escuchar to listen
escuela school
esfera sphere
espacio space
espada sword
especie (f.) kind, species
espectáculo spectacle
espectador, -a spectator
esperanza hope
esperar to hope, wait (for)
espiritista (m. & f.) spiritist

espeso, -a thick, dense
espíritu (m.) spirit
esposa wife
esposo husband
espuelín (m.) spur
estación (f.) station
estado state, condition
estar (irreg.) to be
estatua statue
estrecho, -a narrow
estremecer(se) to shake
estrago damage
estrofa stanza
estudiante (m.) student
estudiar to study
eterno, -a eternal
etiqueta label
evidencia evidence
evitar to avoid
evocar (qu) to evoke, call forth
exclamar to exclaim
exagerar to exaggerate
excepción (f.) exception
exclusivamente exclusively
existir to exist
éxito success; **tener éxito** to succeed
explicar (qu) to explain
explosión (f.) explosion
explotar to explode
expresar to express
explorador, -a explorer
extender(se) (ie) to extend, spread out
extensión (f.) extension
extenso, -a extensive
extraño, -a strange
extranjero foreigner
extraordinario, -a extraordinary
extremo extreme

F

fábrica factory
fácilmente easily
fallar to miss, fall

fallecer (zc) to die
falta lack, fault
faltar to lack
fama fame
familia family
familiar *(m.)* one belonging to a
    family
famoso, -a famous
fango mud
fantasma *(m.)* phantom, ghost
fantástico, -a fantastic
fascinar to fascinate
favor *(m.)* favor
favorecer (zc) to favor, protect
favorito, -a favorite
fe *(f.)* faith
febril feverish
felicidad *(f.)* happiness
feliz happy
femenino, -a feminine
fenómeno phenomenon
feriado: día feriado holiday
feroz fierce
fértil fertile
fervor *(m.)* enthusiasm
fiebre *(f.)* fever
fiel faithful
fiesta holiday
figura figure
fijar(se) (en) to fix, look, notice
fijo, -a fixed, firm
fila line, row
fin *(m.)* end; **al fin, por fin** finally;
    al fin y al cabo at last, after all
final *(m.)* end
finalmente finally
fino, -a fine, of high quality
físico, -a physical
flamante brand new
flecha arrow
flor *(f.)* flower
florecimiento flowering, high
    point
flota fleet (of ships)
flotación: línea de flotación water
    line

fondo bottom; **a fondo** completely
forastero outsider
formalizar (c) to formalize
formar to form
forzar (ue) (c) to force
fosa ditch; grave
firmeza firmness
francamente frankly
frecuentar to frequent, attend
    often
frente in front, opposite; *(f.)*
    forehead; **enfrente de** in front of,
    opposite; **hacer frente a** to face
fresco, -a fresh
frío, -a cold
frondoso, -a leafy
fruncido: el ceño fruncido
    frowning
frustrar to frustrate
fruta fruit
fuego fire
fuente *(f.)* source
fuera outside
fuerte strong
fuerza force
fuga flight
fugitivo fugitive
fumar to smoke
fundar to found
furioso, -a furious
furtivo, -a secretive
fusil *(m.)* rifle

G

gallardo, -a handsome
galleta cookie
gallo rooster
gana desire; **tener ganas de** to feel
    like, have a desire to
ganado cattle
ganador, -a winner
ganar(se) to earn, win
gancho hook
garganta throat
garita sentry box

generosidad *(f.)* generosity
generoso, -a generous
gesto gesture
ginebra gin
girar to spin
gloria glory
gobernador *(m.)* governor
gobierno government
goleta schooner
golpe *(m.)* blow
golpear to bruise, hit
golpetazo huge blow
goma gum, rubber
gozar(se) (c) (de) to enjoy
gracia grace; **gracias** thank you;
  gracias a thanks to
grado grade
graduación *(f.)* graduation
grande big, great
grandeza greatness
grave grave, serious
gritar to shout
grito shout; **dar un grito** to shout
guagua (Puerto Rican) bus
guapetón *(m.)* handsome guy
guardar to guard, keep
guardia guard (corps)
guerra war; **hacer guerra** to wage
  war
guerrero warrior
guía *(m. & f.)* guide
guiar to guide
güiro typical Puerto Rican musical
  instrument
grupo group
gruta underground room
Guayamés person from Guayama
gusto pleasure

H

haber *(irreg.)* to have, be
hábil clever, expert
habitación *(f.)* dwelling, room
habitante *(m.)* dweller
hablar to speak, talk

hacer *(irreg.)* to do, make; **hace**
  (expression of time) ago; **hacer**
  caso to pay attention; **hacerse**
  to become
hacha ax
hacia toward
hacienda plantation
halagar (gu) to flatter
hallar to find
hamaca hammock
hambre *(f.)* hunger
harina flour
hasta even, until, as far as
hechicero sorcerer
hecho deed
hembra female
hender (ie) to cut through
heredar to inherit
hereditario, -a hereditary
herida wound
herido *(m.)* wounded
herir (ie) (i) to wound
héroe *(m.)* hero
heroico, -a heroic
hermana sister
hermano brother
hermoso, -a beautiful
herramienta tool
hidalgo nobleman
hija daughter
hijo son
hilo thread
himno hymn
hipnotizar (c) to hypnotize
historiador *(m.)* historian
historia history, story
histórico, -a historic
hogar *(m.)* hearth, home
hoguera bonfire
hoja leaf
hombre *(m.)* man
hombro shoulder
homicida *(m. & f.)* murderer
honor *(m.)* honor
hora hour
hoy today; **hoy día** nowadays

hueco, -a hollow
hueso bone
huir (y) to flee
humano, -a human
humedad *(f.)* humidity
húmedo, -a humid
humilde humble
humo smoke
hundir to sink
huracán *(m.)* hurricane
hospital *(m.)* hospital

I

identidad *(f.)* identity
identificar (qu) to identify
idioma *(m.)* language
ídolo idol
iglesia church
iluminar to illuminate, light up
imagen *(f.)* image
imaginar to imagine
imbécil *(m.)* imbecile, idiot
imperioso, -a dominating,
  absolute
ímpetu *(m.)* impetus, fury
implorar to implore
imponer *(irreg.)* to impose
importancia importance
importante important
impresionar to impress
improvisar to improvise, provide
  with the materials at hand
impulso impulse
incendiar to set on fire
incidente *(m.)* incident
incierto, -a uncertain
incluir (y) to include
inclusive even, besides, in addition
incógnita unknown element,
  mystery
incrédulo, -a incredulous,
  unbelieving
increíble incredible
incursión *(f.)* attack
indicar (qu) to indicate

indio, -a Indian
indio Indian
índole *(f.)* kind, type
industrialización *(f.)*
  industrialization
inesperado, -a unexpected
infinito, -a infinite
inflexible inflexible
influencia influence
informar to inform
información *(f.)* information
infortunado, -a unfortunate
ingenioso, -a clever, ingenious
iniciar to initiate, begin
inmenso, -a immense
inmortal immortal
inolvidable unforgettable
inquietar to worry
inquietud *(f.)* concern, worry
instar to urge
instalar to install
inspirar to inspire
institución *(f.)* institution
instrucción *(f.)* instruction
instrumento instrument
intentar to intend
interacción *(f.)* interaction
interesar(se) to interest, be
  interested in
interior interior
internar to penetrate
intervención *(f.)* intervention
intervenir *(irreg.)* to intervene
introducir (zc) to introduce,
  put into, insert
inundación *(f.)* flood
inútil useless
inútilmente uselessly
investigación *(f.)* investigation
invisible invisible
ir *(irreg.)* to go; **irse** to go away,
  to go out or off (electricity)
irradiación *(f.)* radiation
irritar to irritate
isla island
isleta small island

islote *(m.)* little island
izquierdo, -a left

J

jamás ever, never
jefe *(m.)* chief
jíbaro Puerto Rican rural dweller
joven young
joven *(m. & f.)* young man, young
woman
joya jewel
juego game
juez *(m.)* judge
jugador *(m.)* player
jugar (ue) to play
junto near; **junto a** next to, along
with; **juntos** together
jurar to promise upon oath,
swear
jurisdicción *(f.)* jurisdiction,
territory
juventud *(f.)* youth
juzgar (gu) to judge

L

labor *(f.)* work, task, labor
labrar to work, cultivate
lacio, -a straight
lado side
ladrido bark
lamer to lick
lanzador *(m.)* pitcher
lanzamiento pitch
lanzar(se) (c) to hurt, pitch
largo, -a long; **a lo largo de** along
the length of
lata can
lavar to wash
lealtad *(f.)* loyalty
lectura reading
leer *(irreg.)* to read
legumbre *(f.)* vegetable
leguminoso, -a leguminous
lejos far, far away

levantar(se) to raise, get up
ley *(f.)* law
leyenda legend
liberación *(f.)* liberation
libertad *(f.)* liberty
libertado *(m.)* freed slave
libre free
libremente freely
libreto script
libro book
licenciado title given to lawyers
lidiar to struggle, compete
ligero, -a swift
limitar to limit
límite *(m.)* limit
limón *(m.)* lime
limpio, -a clean
lindo, -a pretty
línea line, figure
lingüístico, -a linguistic
linterna lantern
líquido liquid
lirio lily
listo, -a ready
litera bunk
literalmente literally
literato writer
literatura literature
litoral *(m.)* coast, shore
llama flame
llamar to call; **llamarse** to be
named
llano, -a flat
llanura plain
llegar (gu) to arrive, reach; **llegar a
ser** to become
llenar to fill
llevar to take, carry, wear; **llevar
muletas** to use crutches; **llevar a
cabo** to carry out, achieve
llorar to weep, cry
lluvia rain
lluvioso, -a rainy
lobo wolf
localizar (c) to locate
loco, -a crazy

lograr to accomplish, succeed
loma hill
lontananza: en lontananza
  far away
lucir (zc) to display, shine
lucha fight, struggle
luchar to fight
lucrativo, -a lucrative,
  money-making
luego then, later, in a short time
lugar *(m.)* place
lúgubre gloomy
luna moon; **luna de miel**
  honeymoon
lustroso, -a shining, splendid
luz *(f.)* light

M

macabro, -a hideous, gruesome
macana wooden weapon used by
  the Taíno Indians
macanazo blow with a *macana*
machete *(m.)* machete (a type of
  long knife)
machetazo blow with a machete
macho male
madera wood
madre mother
madrugada dawn
maestro, -a teacher
mágico, -a magic
magnífico, -a magnificent
maíz *(m.)* corn
majestad *(f.)* majesty, *(fig.)*
  mountain
mal *(m.)* evil
maldecir *(irreg.)* to curse
maligno, -a bad, evil
malo, -a bad
mamá mother
manantial *(m.)* spring, source
mandar to send, command, order
mando command
manejar to handle
manga sleeve

mango mango (a tropical fruit)
maní *(m.)* peanuts
manifestar to manifest
mano *(f.)* hand
mansamente mildly
manso, -a meek, tame
mantener *(irreg.)* to maintain
mañana tomorrow; *(f.)* morning
mar *(m. & f.)* sea; **mar adentro** out
  to sea
maraca typical Puerto Rican
  musical instrument
marcar (qu) to mark
marido husband
marinero sailor
mas but
más more
mata plant
matar to kill
matrimonio marriage, married
  couple
máximo, -a maximum, greatest
mayor larger, older; older person
mayoral *(m.)* overseer, foreman
medianoche *(f.)* midnight
medicina medicine
médico physician
medida measure; **a medida que** as
medio half, middle; means, way
mejor better, best
melodía melody
memoria memory
menos except, less, least; **a menos**
  que unless; **al menos** at least
mentalmente mentally
mente *(f.)* mind
menudo, -a small, little; **a menudo**
  often
mero, -a mere
mes *(m.)* month
mesa table
meter(se) to put (in), place
metro meter (39.37 inches)
mezcla mixture
miedo fear; **tener miedo** to be
  afraid

miembro member
mientras while; **mientras tanto** meanwhile
mil thousand
milagro miracle
militar military
millón million
minuto minute; **a los pocos minutos** in a few minutes
mirar to look at
misa mass
misión *(f.)* mission
misionero missionary
mismo, -a same, very, self; **ahora mismo** right now
misterio mystery
misterioso, -a mysterious
mitad *(f.)* half, middle
moda fashion
modo manner, way; **de otro modo** otherwise
mofar(se) to make fun of
mojar(se) to wet, get wet
molestia bother, annoyance
momento moment
monja nun
montaña mountain
montar a caballo to ride horseback
morada dwelling place
morena dark-complexioned girl
morir (ue) (u) to die
mostrar (ue) to display, show; **mostrarse** to appear
mote *(m.)* nickname
motivo reason, motive
mover(se) (ue) to move
movimiento movement
moza girl
muchacha girl
mucho, -a much
muchos, -as many
mudo, -a mute, silent
mueble *(m.)* a piece of furniture
muestra sign
muerte *(f.)* death
muerto, -a dead

mujer *(f.)* lady
mulato/mulata mulatto
muleta crutch
muñeco doll
música music
muy very

N

nacer (zc) to be born
nacional national
nada nothing
naranja orange; sour orange (Puerto Rico)
narración *(f.)* narration
narrar to narrate, tell
natal pertaining to birth
nativo, -a native
naturaleza nature
navegar (gu) to navigate, sail
neblina fog
necesario, -a necessary
necesitar(se) to need, be necessary
negar (ie) to deny
negocio business
negro, -a black, dismal, gloomy
nervio nerve
neto, -a pure, complete
ni neither, nor, not even; **ni... ni** neither . . . nor; **ni siquiera** not even
nieto, nieta *(m. & f.)* grandchild
ninguno, -a none
niña girl, child
niño boy, child
nivel *(m.)* level
noble noble, illustrious
nobleza nobility
noche *(f.)* night
nombre *(m.)* name
nombrar to appoint
normalidad *(f.)* normality
norte *(m.)* north
nosotros, -as we, us
nota note
notar to notice, note

noticia notice, information, news
(item); **las noticias** news
novelista *(m.)* novelist
novena novena (religious ceremony)
novia bride, sweetheart
novio bridegroom, sweetheart
nube *(f.)* cloud
nublado, -a cloudy
nuevo, -a another, new; **de nuevo**
again
número number
nunca never
nutrir to nourish

O

o or
obedecer **(zc)** to obey
obediente obedient
objeto object
obligación *(f.)* obligation
obligar **(gu)** to oblige
obra work
oculto, -a concealed, hidden
ocupar(se) to occupy, occupy
oneself
oeste west
oficial official
ofrecer **(zc)** to offer
oír *(irreg.)* to hear
ojo eye
ola wave
olla pan, pot
olvidar to forget; **olvidarse de**
to forget
ombligo navel, belly button
onomástico name
opaco, -a opaque, not clear
oponer *(irreg.)* to oppose
oportunamente at the right moment
oportunidad *(f.)* opportunity
oportuno, -a appropriate, right
oración *(f.)* sentence; prayer
orden *(f.)* order (command);
military or religious order;
(m.) order (harmony)

ordenanza ordinance, law
organizar **(c)** to organize
orgullo pride
orilla shore, border
orientar to orient
origen *(m.)* origin
originalmente originally
oro gold
ortopédico, -a orthopedic
oscuro, -a obscure, dark
otoño fall, autumn
otorgar **(gu)** to consent, grant
otro, -a other

P

padre *(m.)* father
padres *(m.)* parents
pagar **(ue)** to pay
país *(m.)* country
paisajito view
pájaro bird
palabra word
palma palm tree
palo stick
paloma dove
pan *(m.)* bread
par *(m.)* pair
para for, to, in order to
paralizar **(c)** to paralyze
parar to stop; **pararse** to stop, stand
up
parcialmente partially
parecer(se) **(zc)** to seem, appear,
resemble
pareja pair (of people), couple
pariente *(m.)* relative
parpadear to wink
parque *(m.)* park
párroco parson
parte *(f.)* part
participación *(f.)* participation
partido party; choice; sporting
match
partir to leave, split, cut in half
pasado, -a past

pasaje *(m.)* passage
pasar to pass, happen, go by, suffer
pasatiempo pastime, diversion
pase *(m.)* movement with the hands
pasión *(f.)* passion
paso pace, step, pass
pata foot, leg, paw of an animal
patria native country
patrón *(m.)* patron, boss, pattern, model
patrulla patrol
paz *(f.)* peace
pecho breast, chest
pedir (i) to ask (for), request
pegar (ue) to stick
peinar to comb
pelear to fight
peligro danger
pelo hair
pelota ball
peluquero barber
pena sorrow, hardship
penetrante penetrating
penetrar to penetrate
penitencia penance
pensamiento thought
pensar (ie) to think, intend, consider
penumbra shade, shadows
peñasco large rock
peor worse, worst
pequeño, -a small
percatar(se) de to notice, realize
perder (ie) to lose
pérdida loss
perdón *(m.)* forgiveness
perdonar to forgive
perezoso, -a lazy, lazybones
periódico newspaper
periodista *(m.)* journalist
permanecer (zc) to remain
permiso permission
permitir to permit

perplejo, -a perplexed
pero but
perro dog
perseguidor *(m.)* pursuer
perseguir (i) to pursue
pertenecer (zc) to belong
perturbar to disturb
pesadilla nightmare
pesado, -a heavy
pesar to weigh; **a pesar de** in spite of
pesca fishing
pescador *(m.)* fisherman
pescar (qu) to fish
petición *(f.)* petition
pez *(m.)* fish
picar (qu) to bite, prick
picardía mischief
pie *(m.)* foot
piedra stone
piel *(f.)* skin
pieza piece
pintoresco, -a picturesque
pirata *(m.)* pirate
piso floor
pistola pistol
pizarra board
plácido, -a tranquil, quiet
planear to plan
planeta *(m.)* planet
planta plant
plástico plastic
platicar (qu) to talk
platillo volador *(m.)* flying saucer
plato plate
playa beach
plaza public square
poblar to populate
pobre poor
poco, -a little, few; **a los pocos minutos** a few minutes later; **poco a poco** little by little
poder (ue) (u) *(irreg.)* to be able, can, may
poesía poem
poeta *(m. & f.)* poet

policía *(m.)* policeman
policía police (department)
política politics
político, -a political
pon *(m.)* (Puerto Rican) ride
poner *(irreg.)* to put, place; **ponerse**
  to put on; **ponerse a** to begin;
  ponerse en camino to start out
por by, for, through, during; **por**
  eso therefore, for that reason,
  because of
porque because
porta gun port
portarse to behave, act
posar to perch
poseer to possess
posible possible
poste *(m.)* post
postizo, -a artificial, false
pozo well
prácticamente practically
practicar (qu) to practice
precaución *(f.)* precaution
precipicio precipice
precisamente precisely
predecir *(irreg.)* to predict
preferir (ie) (i) to prefer
pregunta question
prender to turn on, to light
preocupación *(f.)* worry
preocupar to be concerned, worry
preparar to prepare
preparativo preparation
presa prey
presenciar to witness, to present
presente present
preso prisoner
presunto, -a presumed, would-be
pretendiente *(m.)* suitor
prevalecer (zc) to prevail
prevenir (ie) (i) *(irreg.)* to prepare,
  advise, caution, prevent
primero, -a first
principal main, principal
principio beginning
prisionero prisoner

probar (ue) to try
problema *(m.)* problem
procesión *(f.)* procession
proclamar to proclaim
procurar to get, obtain
producto product
productor *(m.)* producer
profecía prophecy
profesional professional
profeta *(m.)* prophet
profundo, -a deep, profound
prohibir to prohibit
prometer to promise
pronto quick, soon; **de pronto**
  suddenly
pronunciar to pronounce
propiedad *(f.)* property
propio, -a own, self, suitable
propósito purpose; **a propósito**
  by the way
proseguir (i) to continue, pursue
protección *(f.)* protection
protectora protector
provisión *(f.)* provision
provocar (qu) to cause
próximo, -a next
proyectar to project, scheme, throw
proyecto plan, project
prueba test, proof
pueblo town, people, nation
puente *(m.)* bridge, deck of a ship
puerto port
pues since, then, well
puesta del sol *(f.)* sunset
puesto place, position
punto point; **a punto de** on the
  point of
puñal *(m.)* dagger

Q

que that; **lo que** what; **en lo que**
  while
qué what
quedar(se) to be, be left, remain,
  stay

quemar to burn
querer (ie) *(irreg.)* to want, love
querido, -a beloved, dear
quien who
quinto, -a fifth
quitar(se) to take off, move away

R

radiación *(f.)* radiation
raíz *(f.)* root; **a raíz de** immediately after
ramo bouquet, branch
rápidamente quickly
raro, -a rare, strange
rato short time, while
rayo beam, ray of light, thunderbolt
razón *(f.)* reason; **tener razón** to be right
real real, royal
realizar (c) to carry out, fulfill, realize
realmente really
reanudar to renew
rebelde *(m.)* rebel
rebelión *(f.)* rebellion
recibir to receive
recobrar to recover
recoger (j) to gather, pick up
reconocer (zc) to recognize
recordar (ue) to remember; to recall
rectitud *(f.)* rectitude, honesty
recuperar to recover
recurso recourse
red *(f.)* net
rechazar (c) to expel, reject
recipiente *(m.)* container
recreo recreation
redondo, -a round
referir (ie) (i) to refer
reflejo reflex
reflexión *(f.)* reflection, meditation
reflexionar to reflect
refrescar (qu) to refresh

refugiarse to take refuge
regañar to scold
regresar to return
rehén *(m.)* hostage
relato account, report
relevo replacement
remendar (ie) to mend
remojar to soak
remontar(se) to date from
rendir(se) to give up, surrender
reparación *(f.)* reparation, repair
repartir to divide
repente: de repente suddenly
repetir (i) to repeat
reponerse to collect oneself
reportero reporter
repugnar to disgust
resbalar to slip
resbaladizo, -a slippery
rescatar to rescue
residente *(m.)* resident
resignación *(f.)* resignation
resistencia resistance
resistir to resist
respetar to respect
respirar to breathe
restablecer (zc) to re-establish
resuelto, -a resolved, determined
resultado result
resultar to result, to turn out to be
retener *(irreg.)* to hold, retain
retroceder to retreat, withdraw
reunir to gather, join; **reunirse (con)** to meet with
reunión *(f.)* meeting
revelar to reveal
revista magazine
rey *(m.)* king
rezar (c) to pray
ribera shore
rico, -a rich
rigurosamente strictly
rincón *(m.)* corner
río river
rival *(m.)* rival
robar to rob

rodar to roll
rodear (de) to encircle, surround
rodilla knee; **ponerse de rodillas** to kneel down
rogar (ue) (gu) to beg, implore, request
rojo, -a red
románticamente romantically
romántico, -a romantic
romper to break
rondar to pester, flirt with
ropa clothes
rosario rosary
rótulo sign
rugido roar
rumbo direction; **rumbo a** on the way to
rústico, -a rustic, unpolished
ruta route

S

saber *(irreg.)* to know
sabroso, -a delicious
sacerdote *(m.)* priest
sacrificar (qu) to sacrifice
sagrado, -a sacred
sala living room
salir to leave
salvaje *(m.)* savage
salvar to save
sangre *(f.)* blood
sano, -a safe, healthy
santo, -a holy, saint
santuario sanctuary
sardina sardine
satisfacer *(irreg.)* to satisfy
secretaria secretary
secreto secret
sedante *(m.)* sedative
sedoso, -a silky
seguida succession; **en seguida** immediately, at once
seguir (i) to continue, follow
según according to, as

segundo second
seguramente surely
seguridad *(f.)* security, safety
seguro, -a safe, sure
semana week
sencillo, -a simple
seno breast
sentar(se) (ie) to sit down
sentir(se) (ie) (i) to be sorry, regret, to feel (good, bad, etc.)
seña sign, gesture
señor *(m.)* mister, sir, gentleman
señora lady, Mrs.
señorita del manto prieto fly; *(lit.)* young lady in a black cloak
separar to separate
ser *(irreg.)* to be
ser *(m.)* being
serenata serenade
servicial obliging
severamente severely
servir (i) to serve
sí yes
siempre always; **siempre que** whenever
sien *(f.)* temple (side of the head)
significar (qu) to mean, signify
siguiente following; **al día siguiente** on the following day
silencioso, -a silent
silvestre wild
símbolo symbol
simétrico, -a symmetrical
simplemente simply
sin without; **sin embargo** nevertheless
sino but, if not
sinuoso, -a winding
sitio place
situar to situate, locate
sobre over, about
sobrenatural supernatural
sobrepasar to surpass
sobreviviente *(m.)* survivor
sobrevivir to survive
sobrino nephew

sociedad *(f.)* society
sol *(m.)* sun
soldado soldier
soledad *(f.)* solitude
solemne solemn
soler (ue) to be in the habit of
solitario, -a solitary
solo, -a alone, single
sólo (solamente) only
sollozar (c) to sob
soltar (ue) to let go
solución *(f.)* solution
sonar to sound
sonido sound
sonreír(se) (i) to smile
sonrisa smile
soñar (ue) to dream; **soñar con** to dream of
soplar to blow
soportar to endure, suffer
sorprender to surprise
sorpresa surprise
sospechar to suspect
sostener (ie) *(irreg.)* to support
subida ascent
subir to go up, climb
súbitamente suddenly
sublevar to revolt
subterráneo, -a underground
suceder to happen
suceso event
sucumbir to succumb, die
suelo floor, ground
suelto, -a loose
sueño sleep, dream
suerte *(f.)* luck, fate
suficiente sufficient
sufrir to suffer
sugerencia suggestion
sujetar to fasten
sumamente very, greatly
supersticioso, -a superstitious
suplir to supply, take the place of
sur *(m.)* south
sureste *(m.)* southeast
surgir (j) to appear, rise

suroeste *(m.)* southwest
suspirar to sigh

T

tabaco tobacco
tabla board
táctica tactic
tal such; **tal vez** perhaps
tallar to carve
tamaño size
también also
tambor *(m.)* drum
tan so, as; **tan... como** as . . . as
tanto so (as) much; **mientras tanto** meanwhile; **tantos** so (as) many
tapar to cover
taparrabo loincloth
tardar to delay; be late
teatro theater
tedio boredom
tejer to knit, weave
tema *(m.)* theme
temblar (ie) to tremble
temblor *(m.)* tremor
tembloroso, -a trembling
temer to fear
tempestad *(f.)* storm
temporada season
temporal *(m.)* tropical storm
temprano early
tener *(irreg.)* to have
tentación *(f.)* temptation
tentar (ie) to tempt
tercero, -a third
terminar to end
término term, end
termo thermos
ternura tenderness
terraza terrace
terreno land, ground
tertulia informal conversation group
testigo witness
testimonio testimony
texto text

tez *(f.)* complexion
tiempo time
tienda store
tiendita small store
tienta: a tientas feeling one's way
tierra earth, ground, land
tildar to label
tirar to throw, fire, shoot
titulares *(m.)* headlines
tocar (qu) to ring, sound, touch, play
todavía still, yet
todo, -a all, every
tomar to take
tono tone
tonto, -a silly
tormenta storm, tempest
torno: en torno about
toro bull
trabajador *(m.)* worker
trabajar to work
tradición *(f.)* tradition
traer *(irreg.)* to bring, carry
traje *(m.)* clothes, dress, suit
trampa trap
tramposo, -a trickster
tranquilamente calmly
tranquilo, -a tranquil
trapo rag
tras (de) behind, after
trasladar to transfer, move
trata trade
tratar to treat, deal with; **tratar de** to try to
trato treatment
tremendo tremendous
trepar to climb
tribu *(f.)* tribe
tribunita small tribune
tripulación *(f.)* crew
tripulante *(m.)* member of crew
tristeza sadness
tronco trunk
tropas troops
tropel *(m.)* crowd, throng
trozo piece

trueno thunder
tumba tomb
turno turn

U

u or
ubicar (qu) to locate
último last
único, -a only
unirse to join
universo universe
últimamente lately
usar to use, wear
utilizar (c) to utilize

V

vacaciones *(f.)* vacation
vacilar to hesitate
valer (g) to be worth; **valerse de** to use
valiente brave
valor *(m.)* value, courage
valle *(m.)* valley
vals *(m.)* waltz
vano, -a vain
variante *(f.)* variant form
variar to vary
varios, -as various, several
vaso glass, cup
vecino, -a neighbor
vela candle, sail (of a ship)
velar to look after
velocidad *(f.)* velocity, speed
veloz fast
vena vein
vencer (z) to conquer
venerar to honor, venerate
vengar (gu) to avenge
venir *(irreg.)* to come
ventanilla small window
ver *(irreg.)* to see
verano summer
verdad *(f.)* truth; **de verdad** really; **¿verdad?** right?

verde green
veredita narrow path
vergüenza: te debería dar vergüenza you should be ashamed of yourself
vestir(se) (i) to dress (oneself), to wear
vez *(f.)* time; **de vez en cuando** from time to time; **otra vez** again
viajar to travel
viaje *(m.)* trip, journey, voyage; **viaje de ida y vuelta** round-trip journey
viajero traveler
víctima victim
vida life
viejito old man
viejo, -a old
viento wind
vigilar to watch
villa settlement
vinculado, -a tied, linked
violento, -a violent
Virgen *(f.)* Virgin (Mary)
virtuoso, -a virtuous
víspera eve, night before

vista sight, view
visto seen; **por lo visto** apparently
vivir to live
vocabulario vocabulary
volar (ue) to fly
volcar (ue) (qu) to turn over
volibol *(m.)* volleyball
voluntarioso, -a headstrong, stubborn
voluptuoso, -a voluptuous
volver (ue) to return, turn; **volver a** to . . . again
voz *(f.)* voice
vuelta turn, return
vulgo common people

Y

y and
ya already, now, yet
yesquero tinder box
yuca yucca (plant with edible, flour-producing root)

Z

zorra fox